杨君 编著

情商高就是会为人处世

为人处世不难！

中华工商联合出版社

图书在版编目（CIP）数据

情商高就是会为人处世 / 杨君编著. -- 北京：中华工商联合出版社，2023.9

ISBN 978-7-5158-3749-9

Ⅰ．①情… Ⅱ．①杨… Ⅲ．①心理交往－通俗读物 Ⅳ．①C912.11-49

中国国家版本馆CIP数据核字（2023）第154025号

情商高就是会为人处世

编　　著：杨君
出 品 人：刘 刚
责任编辑：吴建新
封面设计：冬 凡
责任审读：付德华
责任印制：迈致红
出版发行：中华工商联合出版社有限责任公司
印　　刷：三河市燕春印务有限公司
版　　次：2023年9月第1版
印　　次：2023年11月第1次印刷
开　　本：880mm×1230mm　1/32
字　　数：112千字
印　　张：6
书　　号：ISBN 978-7-5158-3749-9
定　　价：35.00元

服务热线：010—58301130—0（前台）
销售热线：010—58301132（发行部）
　　　　　010—58302977（网络部）
　　　　　010—58302837（馆配部、新媒体部）
　　　　　010—58302813（团购部）
地址邮编：北京市西城区西环广场A座
　　　　　19—20层，100044
投稿热线：010—58302907（总编室）
投稿邮箱：1621239583@qq.com

工商联版图书
版权所有　侵权必究

凡本社图书出现印装质量问题，请与印务部联系。

联系电话：010—58302915

前 言

在现实生活中,每个人都离不开说话、办事,甚至可以说,我们是在说话、办事的过程中度过一生的。一个人要想在生存和竞争中游刃有余,就要充分依赖说话水平与办事能力。

但是,并不是每个人都能把话说对、把事办好,为了帮助读者把话说对、把事办好,成为一个会为人处世的人,我们出版了这本《情商高就是会为人处世》。

说话嘴上要有功夫,办事心里要有技巧。本书从实际、实用的原则出发,将生活中直接、有效的口才技巧和处世方略介绍给读者,使读者在短时间内掌握能言善道、精明处世的本领,在任何场合面对任何人都能做到左右逢源。

说话、办事是一个人在复杂的社会环境中保护自己,在激烈的竞争中获得胜利的必备本领。当你真正掌握了说话的技巧,具备了办事的能力,你就拥有了成功人生的基础,就能在事业上取得成功,在人生中找到幸福。那么,还等什么,拿起本书吧,它将是你说话、办事的好指南。

| 目 录 |

第一篇
把话说得入耳动听

PART 1 | 将语言"软化"后,再说出来

不把话说绝,平和解决矛盾　　　　　2
好事多磨,遭到拒绝后坚持言语和气　　4
淡化感情色彩,委婉地表达你的不满　　5
批评之后给对方铺退路　　　　　　　7
对"不争气"者多激励,少责骂　　　　9
用模糊语言说尖锐的话　　　　　　　11

PART 2 | 把话说到点子上

说话避开别人的痛处,才能赢得好感　　12
同女士交谈要注意社交距离　　　　　　14

别人说话时，不要轻易打断	15
出了错误，掩盖不如用谐音把话说圆	18
认真谦虚地听，完美地展现社交魅力	20

PART 3 | 用"心"表达，更容易被人认同

看清谈话对象的身份，然后再开口	22
别人郁闷时多说些宽心的话	24
从顺着对方的话开始，让对方放松下来	25
多请教，以满足他人的为师欲	26

PART 4 | 给人留足面子，做个受欢迎的人

有了分歧，切忌跟人发生正面冲突	28
学会尊重，私底下指出别人的缺点	30
用谦虚的态度和人说话	32
反驳也要给别人留面子	34

第二篇
把事办得尽善尽美

PART 1 | 会办事才能在竞争中占据主动

与人相处,最重要的是"心领神会" 37
手勤眼快比死记硬背更重要 38
比别人多想一些,多做一些 40
要争取更多的人支持自己 42
适时吃点儿眼前亏,以后才不会吃大亏 44

PART 2 | 投资人情,才会得到超额回报

人情,应该在最需要的时候用 46
帮助朋友走出困境,与朋友真诚相交 48
遇事待人要照顾对方的自尊 51
被人需要胜过被人感激 53
看透不点透,说话太直白容易伤和气 55
超出别人的期待,吸引更多的注意 58

PART 3 | 借力办事，更容易办成事

找更多人为自己造势，成事更顺利   60

适时转移问题，借力成事   63

发现别人的优势和长处，取其长补己短   65

第三篇
说好难说的话，办好难办的事

PART 1 | 说好难说的话，摆脱窘境远离尴尬

主动拿自己"开涮"，可助你解决冷场   68

借他人之口传达歉意   69

绕个圈子，学会艺术地说"不"   71

难以启齿的逐客令要讲得不动声色   72

以柔克刚，正话可以反说   73

谈吐有趣，在笑声中摆脱窘境   75

遭遇尴尬时故意说"痴"话   76

实话要巧说   78

打破与陌生人无话可说的尴尬 79

应对嫉妒，低调是最好的策略 81

面对无理取闹，有时不可针锋相对 82

PART 2 | 多花心思，让不同的人帮助你

以"情"激发领导帮助你 83

激起别人的同情心 86

让清高傲慢的人放下架子来帮你 87

与性情暴躁的人合作办事，要以柔克刚 88

求沉默寡言者办事要直截了当 90

与疑心过重的人合作办事，要放开胸怀 91

PART 3 | 花最少的精力和时间，办好职场难办的事

注意说话方式，为求职增加胜算 92

初入职场，说话切忌"慷慨激昂" 95

让合理建议的表达更有效 96

留住想辞职的优秀员工 98

如何消除部下对你的敌意 100

对于员工的要求，领导要区别对待 101

把手下拧成一股绳 103

巧妙应对不让人省心的下属 105

第四篇
把话说得恰到好处，把事办得圆满漂亮

PART 1 | 懂点说话办事技巧，少一些生活磨砺

倾听对于别人来说就是"恭维" 108
巧说赞美之词助你成事 109
主动调侃比解释效果更好 111
远离无谓的争论，有效深入人心 113
委婉的表达更易被人接受 114
开玩笑不要信口开河 116
说话时要不羞怯 117
首次见面，自我介绍要别出心裁 120
多准备一些话题，消除交谈障碍 123
多寒暄几句，让对方开口说话 123

PART 2 | 与人沟通要细心，说话办事重在细节

与陌生人的交谈从打招呼开始 126
记住别人的名字，获得好感的开端 127
不宜直说的话要模糊表达 129

言不在多，找到中心最关键 130
说服别人时要给对方台阶下 132
拖延也是一种说话办事的技巧 134
与人相处，不要轻易许下诺言 136
对待下属要先商量后命令 137
最好的奖赏是肯定和赞扬 139
守住自己的底牌，给人一种"神秘感" 141
避开左右为难的话题 143

PART 3 | 把握分寸，掌握尺度，做个会说话办事的人

巧搬"第三者"，事情更容易办成 145
把握好时机，办事不难 146
化解语言冲突，占据社交优势 148
抓住别人的心理特征，让其伸出援助之手 150
借自贬来摆脱自己不愿意做的事 152
适可而止，凡事都给自己留条退路 153
恭维的话要切合实际 154
管住自己的嘴，没用的话不要说 156
给别人充分的重视和信任 158
只说意见不讲效果，无助于解决问题 159

用"甜言蜜语"浇灌爱情之树	161
方正做人，圆融做事	162

PART 4 | 别犯忌讳，说话办事要得体

别人的短处不要随意谈论	164
当心，说话无礼招人烦	165
广结人缘，不在背后诋毁他人	167
有错就要及时道歉	169
少发牢骚，别把自己变成"怨妇"	171
谦虚让你更有人缘	172
说话办事要和气，不要轻易得罪人	174
朋友遭遇不幸要及时安慰	175
维护朋友的自尊心才能留住友谊	177

第一篇

把话说得入耳动听

PART 1 | 将语言"软化"后，再说出来

不把话说绝，平和解决矛盾

发生矛盾后，双方肯定谁心里都不痛快，很容易失态，甚至口出恶言，把话说绝了。一时把话说绝了，痛快也只能是一时的，而受伤害的是双方长远的关系和自己的声誉。所以，即使有了再大的矛盾，我们也应该把握住一点，就是不把话说绝，给对方、也给自己一个台阶下。

一位顾客在商场买了一件外衣之后，找售货员要求退货。衣服她已经穿过一次并且洗过，可她坚持说"绝对没穿过"。

售货员检查了外衣，发现有明显的干洗的痕迹。但是，直截了当地向顾客说明这一点，顾客是绝不会轻易承认的，因为她已经说过"绝对没穿过"，而且精心地伪装过。于是，售货员说："我很想知道，您的某位家人是否把这件衣服错送到干洗店去洗过，我记得不久前我也发生过一件同样的事情。我把一件刚买的衣服和其他衣服堆在一块儿，结果我丈夫没注意，把这件新衣服和一堆脏衣服一股脑地塞进了洗衣机。我觉得可能您也会遇到这种事情，因为这件衣服的确看得出被洗过的痕迹。不信的话，可以跟其他衣服比一比。"

顾客看了看对比情况，知道无可辩驳，而售货员又为她的错误准备了借口，给了她一个台阶。于是，她顺水推舟，乖乖地收起衣服走了。

售货员如果直白地揭穿顾客，再强硬地驳回对方的要求，等于在大庭广众之下把话说绝了，换来的只会是一场尴尬和不欢而散。现实生活中，人们普遍存在着吃软不吃硬的心态。特别是性格刚烈的人，如果你说话硬，他可能比你更硬；你如果来软的，他倒会于心不忍，也就有话好好说了。

有的人会说，发生这种矛盾，我都打算和他绝交了，把话说绝了又怎么样。真是这样吗？要知道，暂时吵架并不等于绝交。

友好分手还会为日后可能出现的和好留有余地。有时朋友之间绝交并非彼此感情的彻底消失，而是因一时误会造成的。如果大家采取友好分手的方式，不把话说绝，那么有朝一日误会解除了，很可能和好如初，使友谊的种子重新开放出绚丽的花朵。在这方面不乏其例。

17世纪初，丹麦天文学家第谷·布拉赫和德国天文学家约翰尼斯·开普勒共同研究天文学，两个人建立了亲密的友谊。后来，由于开普勒误听妻子的挑唆，丢下研究课题，离开了布拉赫。然而布拉赫并没有因此指责开普勒，还宽大为怀，写信解释。不久，开普勒明白自己误听谗言，十分惭愧，写信向布拉赫道歉，并回到已病重的布拉赫身边。两个人言归于好，再度合作，出版了《鲁道夫星表》，他们的名字得以载入科学史册。

从这个事例可以看出，他们之所以能恢复友谊并共同做出成就，与当时采取友好分手的方式有直接关系。所以说，不把话说绝实在是一种交际美德，值得提倡。有的人不明白这个道理，他们一和别人发生矛盾就取下策而用之，与人反目为仇，甚至谩骂指责，把话说得很绝，以解心头之恨。这样做痛快倒也痛快，但他们没想到，在把别人骂得体无完肤的同时，也暴露了自己人格上的缺陷。人们会从这样的情景中看到，他对朋友居然如此刻薄，如此不留情面，如此翻脸不认人。把话说绝得不偿失，所以在与人发生矛盾时，要友好地解决问题。

好事多磨，遭到拒绝后坚持言语和气

当我们遇事需要与别人交谈时，总是希望能得到肯定回答。但正如俗话所说"好事多磨"，开始时往往被人拒绝。

被拒绝了，心里肯定不好受，那该怎样回应呢？有的人气盛，一句话就给人家顶回去了，搞得不欢而散。有的人虽然心里不快，却还能冷静下来，用平和的语气来晓之以理。显然后者是讨人喜欢的，能让对方也冷静地予以思考并认为你很有涵养，转机说不定就会在此发生。

胡洛克是美国著名的音乐经理人，在较长时间内和夏里亚宾、邓肯、帕甫洛娃等知名艺术家打交道。胡洛克讲，通过与这些明星打交道，他领悟到了一点，必须对他们的荒谬念头表示赞同。他曾给著名男低音歌唱家夏里亚宾当了三年的音乐经纪人，而夏里亚宾是个令人难堪的人。比如，轮到他演出的那一天，胡洛克给他打电话，他却说："我感觉非常不舒服，今天不能演唱。"胡洛克和他争吵了吗？没有。他知道，音乐经纪人是不能和歌手争吵的。他马上去夏里亚宾的住处，压住怒火对他表示慰问。

"真可惜，"他说，"你今天看来真的不能再演唱了，我这就吩咐工作人员取消这场演出。这样你要损失2000美元左右，但这对你能有什么影响呢？"

夏里亚宾吁了一口长气说："你能否过一会儿再来？晚上5点钟来，我再看感觉怎样。"晚上5点钟，胡洛克来到夏里亚宾的住处。他再次表示了自己的同情和惋惜，也再次建议取消演出。但夏里亚宾却说："请你晚些时候再来，到那时我可能会觉得好一点儿。"

晚上8点30分，夏里亚宾同意上台演唱，但有一个条件，就是要胡洛克在演出之前宣布夏里亚宾患感冒、嗓子不好。胡洛克说一定照此去办，因为他知道这是促使夏里亚宾登台演出的最好办法。

遭到拒绝是很令人沮丧的事情，但即使再沮丧，也要坚持说话和气。因为一时的拒绝并不等于永远拒绝，甚至有可能是对方的一个铺垫。你如果因此口出恶言，就彻底断绝了回旋的余地，而坚持言语和气，还能为今后合作埋下一个好的伏笔。

淡化感情色彩，委婉地表达你的不满

在公众活动中，每个人都可能遇到让人尴尬而不满的情况。在这种情况下，生硬地表达不满是不妥的，应该淡化感情色彩。

有一次,由爱因斯坦证婚的一对年轻夫妇带着小儿子来看他。孩子刚看到爱因斯坦就号啕大哭起来,弄得这对夫妇很尴尬,爱因斯坦脸上也有些挂不住,但幽默的爱因斯坦却摸着孩子的头高兴地说:"你是第一个肯当面说出对我的印象的人。"这句妙答给了这对夫妇一个情面,活跃了气氛,融洽了关系,当然也含蓄地表达了爱因斯坦的不满。

在上例中,爱因斯坦向我们显示了他在交际中的机智,面对孩子大哭给自己和年轻夫妇带来的尴尬,他采用了自嘲的方式来帮助对方化解尴尬并表现自己的不满。然后放低姿态,凭借"慈祥"的语气表示自己对此态度的认同,淡化了感情色彩。

1988年8月3日,英国首相撒切尔夫人在出访澳大利亚时参观墨尔本市,突然遭到爱尔兰共和军支持者的围攻。在示威者的一片谩骂声中,撒切尔夫人在澳大利亚警方的保护下仓促离去。即便对一个老资格的政治家来说,这也是一件很尴尬的事情,而对东道主澳大利亚来说,也是大丢脸面的。在当晚的宴会上,撒切尔夫人在宾客好奇的期待和主人难免的困窘尴尬中,轻松地评论说:"墨尔本是一个美丽而吵闹的城市。"哄然大笑之后,听众热烈鼓掌,大家为撒切尔夫人巧妙淡化、摆脱尴尬的技巧所叹服。她把一场激烈的政治性示威淡化为城市由于人口高度密集而难免的喧嚣吵闹,使自己的不满在双方的笑声中表现了出来。

英国首相丘吉尔在他执政的最后一年,出席一个政府举办的仪式。在他身后不远的地方有几个绅士窃窃私语:"你看,那不是丘吉尔吗?""人家说他现在已经变得老态龙钟了。""还有人说他就要下台了,要把他的位子让给精力更充沛、更有能力的人了。"当这个仪式结束的时候,丘吉尔转过头来,对这几个绅士煞有介事地说:"咳,先生们,我还听说他的耳朵近来也不好用了。"丘吉尔知道,自尊自爱就要以适当的方式来表达自己的思想感情,他在这里的幽默一语,既淡化了感情色彩,给自己解了围,表达了不满,又使那些绅士自讨没趣。

美国总统威尔逊在一次竞选演讲中,遭到一个捣乱分子的挑衅。当时演讲正在进行,捣乱分子突然高声喊叫:"狗屁!垃圾!臭大粪!"这个人的意思很明显,是骂威尔逊的演讲臭不可闻,不值得一听。威尔逊对此感到非常生气,但只是报以微微一笑,安慰他说:"这位先生,我马上就要谈到你提出的环境脏乱差的问题了。"说完这句话,听众中爆发出掌声、笑声,为威尔逊的机智幽默喝彩。

社交场合碰到别人的不恭言行,还真不能发作,但憋在心里也不好受。海明威说:"告诉他你不高兴,但在话语中别出现'不高兴'这个词。"把表示不满的语言的感情色彩淡化一下,让对方知道你不高兴,又不至于破坏友好气氛,是个不错的方式。

批评之后给对方铺退路

有一位老师曾遇到过这样一件事:下课了,有个学生向老师反映,昨天她爸爸作为生日礼物送给她的一支黑色派克钢笔不见了。老师观察了一下全班同学的表情,发现坐在该女生旁边的那个学生神情惊慌,面色苍白。钢笔可能是她拿的。当面指出吧,苦于没有充分的证据;搜身吧,既不近情理,又违反法律。这位掌握一定沟通技巧的老师想了想,说:"别着急,肯定是哪个同学拿错了。只要等会儿她发现了,一定会还给你的。"说完,老师看了看那个学生。果然,下课以后,那个拿了钢笔的同学趁旁人不在的时候,把钢笔偷偷放回了女同学的笔盒里。

这个故事告诉我们,他人犯错误,我们批评时要抱着一种理解的态度,不要一棒打死,要在批评之后给对方铺退路。因为每个人都有这样那样的弱点,完美的人只有在童话或神话中才存在。现实生活中的人都是凡夫俗子,或多或少地都会犯错误。

假如老师直接把自己的怀疑说出来,并严厉批评偷笔的同学,把话说绝,把退路都堵死了,难免会使一时犯错的同学受到伤害,甚至会因使对方难堪而导致更糟糕的状况。相反,这位老师用暗示的方法给犯错的同学留下了弥补错误的机会。在人际交往中,我们不应该对犯错的人都予以"不可辩驳的宣判",而是应该给他们改正错误的机会。

有时候为了给犯错的人铺一条退路,还可以假定双方在开始时没有掌握全部事实。例如,你可以这样说:"当然,我完全理解你为什么会这样想,因为你那时不知道实情。"在这种情况下,任何人都会这样做的。"最初,我也是这样想的,但后来当我了解到全部情况时,我就知道自己错了。"精明的人在说话时都懂得不撕破脸,在对方没有退路时给对方铺退路。这样对方会自知理亏,而早早收场,不再纠缠。从另一个角度来说,人与人之间的个人感情是不能回避的。比如对一些影响不大、又不属于原则性的错误，进行了批评，达到了批评的目的，就可不再声张。有时也可直接告诉被批评者，某件事到此为止，不会再告知他人。这都可使对方得到尊严上的安全感，产生情感约束力。

对"不争气"者多激励，少责骂

作为父母、老师、上司，经常会碰到"不争气"的孩子、学生和下属。这时应该怎么办，横眉怒对吗？这只会增加对方的叛逆心理。一种比较好的办法是告诉对方：你很优秀，但需要努力证明自己的优秀。人们多数时候需要的是激励，而不是责骂。

纽约布鲁克林的一位四年级老师鲁丝·霍普斯金太太，在新学期开学的第一天，看过班上的学生名册时，她对本该兴奋和快乐的新学期却心怀忧虑：今年，在她班上有一个全校最顽皮的"坏孩子"——汤姆。他不只是搞恶作剧，还跟男生打架、逗女生、对老师无礼、在班上扰乱秩序，而且好像是愈来愈糟。他唯一的优点是：他很快就能学会学校的功课。

霍普斯金太太决定立刻面对汤姆的问题。当她见到她的新学生时，她讲了一些话："罗丝，你穿的衣服很漂亮。爱丽西娅，我听说你画画很不错。"当她念到汤姆的名字时，她直视着汤姆，对他说："汤姆，我听说你是个天生的领导人才，今年我要靠你帮我把这个班变成四年级最好的一个班。"在头几天，她一直强调这点，夸奖汤姆所做的一切，并评论他的行为表明他是一位很好的学生。令人惊奇的结果出现了，汤姆真的变了，他渐渐地约束了自己的行为，变成了一个好学生。

再看一下美国纽约第一位黑人州长罗杰·罗尔斯的故事。

罗杰·罗尔斯是美国纽约历史上第一位黑人州长。他出生在纽约大沙头贫民窟，这里环境肮脏，充满暴力，是偷渡者和流浪汉的聚集地。在这儿出生的孩子，在这样的环境中耳濡目染，他们从小就逃学、打架、偷东西，甚至吸毒，长大后很少有人从事体面的职业。然而，罗杰·罗尔斯是个例外，他不仅考上了大学，而且成了州长。

在就职的记者招待会上，一位记者对他提问："是什么把你推向州长宝座的？"面对300多名记者，罗尔斯对自己的奋斗史只字未提，只谈到了他上小学时的校长——皮尔·保罗。1961年，皮尔·保罗被聘为诺必塔小学的董事兼校长。当时正值美国嬉皮士流行的时代，他走进大沙头诺必塔小学的时候，发现这里的穷孩子比"迷惘的一代"还要无所事事。他们不与老师合作，旷课、斗殴，甚至砸烂教室的黑板。皮尔·保罗想了很多办法来引导他们，可是没有一个是奏效的。后来他发现这些孩子都很迷信，于是在他上课的时候就多了一项内容——给学生看手相，他用这个办法来鼓励学生。

当罗尔斯从窗台上跳下，伸着小手走向讲台时，皮尔·保罗说："我一看你修长的小拇指就知道，将来你会成为纽约的州长。"当时，罗尔斯大吃一惊，因为长这么大，只有他奶奶让他振奋过一次，说他可以成为五吨重的小船的船长。这一次，皮尔·保罗先生竟说他可以当纽约州州长，着实出乎他的预料。他记下了这句话,并相信了它。从那天起,纽约州州长就像一面旗帜指引着罗尔斯,他的衣服不再沾满泥土,说话时也不再夹杂污言秽语。他开始挺直腰杆走路,在以后的40多年间,他没有一天不按州长的身份要求自己。51岁那年,他终于成了州长。

用模糊语言说尖锐的话

对于一些比较尖锐的话题,最好使用模糊语言来表达,给对方一个模糊的意见,或者多用一些"好像""可能""看来""大概"之类的词语,显得留有余地,语气委婉一些。

例如,当学生在课堂上回答不出问题时,作为老师一般不应这样训斥学生:"你怎么搞的?昨天你肯定没复习。"而应当用模糊委婉的语言表达批评的意思:"看来你好像没有认真复习,是不是?还是因为有点儿紧张,不知道该怎么说呢?"而且应当进一步提出希望和要求:"希望你及时复习,抓住问题的关键点,争取下次给出让大家满意的答案,行不行?"这样给了学生面子,也能达到好的效果。

在一些交流场合,尤其是在一些比较正式的场合,我们经常可以碰到一些涉及尖锐问题的提问,这些提问不能直接、具体地回答,又不能不回答。这时候,说话者就可以巧妙地用模糊语言表达自己的意见,让当事双方都不感到难堪。

一个年轻男士陪着他刚刚怀孕的妻子和他的丈母娘在湖上划船。丈母娘有意试探小伙子,问道:"如果我和你老婆不小心一起落到水里，你打算先救哪个呢？"这是一个老问题，也是一个两难选择的问题，回答先救哪一个都不妥当。年轻男士稍加思索后回答："我先救妈妈。"母女俩一听哈哈大笑，脸上都露出了满意的笑容。"妈妈"这个词一语双关，使人皆大欢喜。

PART 2 | 把话说到点子上

说话避开别人的痛处，才能赢得好感

每个人都有忌讳，而且都讨厌别人提及自己的忌讳。说话时如不小心就会冲撞了对方，引起别人反感，有的甚至招来怨恨。

小马脱发问题比较严重，他干脆就理了光头。一天，大家在一起聊天，得知小马的发明专利被批准了。小陆快嘴说道："你小子，真有你的，真是热闹的马路不长草，聪明的脑袋不长毛。"说得大家哄堂大笑，小马的脸也红了起来。

开这种玩笑的人动机大多是好的，但如果不把握好分寸、尺度，就会产生一些不良的后果，即所谓"说者无心，听者有意"。因此，掌握说话艺术需要我们在生活中多观察、多总结，避开别人的痛处，这样才能准确恰当地与他人沟通。

生活中，夫妻双方发生争执是很正常的事，但有的人口不择言，喜欢揭对方短处或对方丑处，甚至当众让对方出洋相，让对方无地自容，从中获得快感，以降服对方。比如丈夫对妻子说："女人嘛，做得好不如嫁得好。你不但不会做，而且就算是会做，若不是嫁给我，你今天能活得这么滋润吗？"或者对对方说："别以为你拿了大本文凭就有什么了不起的，这蒙得了别人，蒙不了我，那是补考了好几次才勉强通过的。""我那位啊，在别人面前人模人样，在家里我让他学鸡叫就学鸡叫，我让他学狗爬就学狗爬，就是熊样！"这样的话太伤人自尊心，但偏有人十分喜欢说，意在表现自己的优越地位。

最容易戳到对方痛处的时候，也是安慰别人的时候。别人正在痛苦之中，如果在安慰时不注意，揭了人家的疮疤，那可真是火上浇油。比如一个人失恋了，伤心不已。这时最合适的安慰方法是和失恋者一起找一些快乐的事，让他在交流过程中慢慢消减痛苦。而应避开一些话题，比如不分青红皂白，故作高深地来一句："我早就看出他（她）不是好东西。""他（她）这是存心骗你，当初说爱你的那些话都是假的。""你不知道他（她）是在利用你啊？"这会使失恋者伤心之余，又多了一份窝囊和寒心。

如果真的一不小心戳到了别人的痛处，我们应该尽快寻找补救措施，比如也嘲笑一下自己的短处。

某学生寝室，初到的新生正在比较年龄大小。小林心直口快，与小王争执了半天，见比自己小几天的小王年龄最小，便说道："好啦，你排在最末，是咱们寝室的宝贝疙瘩，你又姓王，以后就叫你'疙瘩王'啦。"说者无心，听者有意，原来小王长了满脸的粉刺，每每深以为恨，此时焉能不恼？小林见又惹来了风波,心中懊悔不已,表面上却不急不恼,巧借余光中的诗句揽镜自顾道:"蜷在两腮分,依在耳翼间,迷人全在一点点。唉,这真是'一波未平,一波又起'呀!"小王听了,不禁哑然失笑——原来小林长了一脸的雀斑。

同女士交谈要注意社交距离

一个男子在火车站候车,看见坐在身边的一位女士光彩照人,穿着一双很好看的丝袜,便凑上前去搭讪。

男子说:"你这双袜子是从哪儿买的?我想给我的妻子也买一双。"

女士说:"我劝你最好别买,穿这种袜子,会招来一些不三不四的男人找借口跟你妻子搭腔的。"

女士的回答再简练不过,分量却极重,直说得那位男子哑口无言、满脸通红。在前后一问一答中,虽然话题同为一个——袜子,但是,一个是女士穿着,另一个是要给妻子买,女士从中寻到一个一词双关的进攻点,即你妻子穿上也会惹来不三不四的男人搭腔,让那位或许有点儿居心不良的男士很下不来台。

男士因为某些话题被女士搞得很尴尬,这绝不是个案。究其原因,可能是部分男士因为缺乏对女士的了解而使交谈进行得并不愉快。

所以,男士同女士交谈,一定要对她们的心理有一定的了解,注意男女有别,一定要保持应有的距离,而不能把男人之间交往的态度随便搬过来。

女士大都喜欢听赞扬的话，但赞扬不可太露骨，要含蓄一些。对于那些年轻貌美、性格开朗的女性，可以赞扬她容貌的靓丽，如"你长得真漂亮，很清纯"。对那些内向性格的女性，不可直言赞扬，应委婉地说："你很文静，也很漂亮。"否则你会被认为"不正经"或"轻佻"。对相貌平平的女士，则可以称赞其"很有气质，一看便知是知识女性。""一看你就能感到你是一个善良纯朴的女性。"这样说对方会感到非常高兴。

不了解女士的生活背景，不要轻易询问她的年龄、婚姻及收入情况，可以先问一问她的父母、家人、学历、工作等情况。如果你对她一见钟情，迫切要了解她的详细信息，可以问："你是同父母住在一起吗？"如果对方对你有好感，且愿意相交的话，会主动如实告诉你的，切不可初次见面就问"你丈夫在什么单位工作""你同丈夫感情还好吗"一类让人反感的话。

女子不轻易拒绝别人，而往往用沉默、注意力转移或假装没听见来表示婉转推辞。遇到这种情况，你应立即结束交谈，或者转到其他话题。不要等到人家下了"逐客令"，你再起身告辞，那会很没面子的。

别人说话时，不要轻易打断

讲话者最讨厌别人打断他的讲话，因为这在打断他的思路的同时，也让他体会到你不尊重他。事实上，我们常常听到讲话者这样的直言："你让我把话说完，好不好？"善于听别人说话的人不会因为自己想强调一些细枝末节，想修正对方话语中一些无关紧要的部分，想突然转变话题，或者想说完一句刚刚没说完的话，就随便打断对方的话。经常打断别人说话表示我们不善于听人说话，个性偏激，礼貌不周，很难和人沟通。

有一个客户经理正与客户谈一个项目，正在争论最激烈的时候，他手下的一个员工闯了进来，插嘴道："经理，我刚才和哈尔滨的客户联系了一下。他们说……"接着就说开了。经理示意他不要说了，而他却越说越津津有味。客户本来就心情不大愉快，见到这样的情景更是气坏了，对客户经理说："你先跟你的同事谈，我改天再来吧。"说完就走了。这位下属乱插话，搅了一笔生意，让经理很是恼火。

随便打断别人说话或中途插话，是有失礼貌的行为。但有些人却存在着这样的陋习，结果往往在不经意之间就破坏了自己的人际关系。比如，上司在安排工作的时候，他会做出各项说明，通常他的话只是说明经过，或许结论并不是我们想的那样。中途插嘴表达自己有意见，除了让上司认为你很轻率之外，也表示你蔑视上司。如果碰到性格暴躁的上司，恐怕会大声地说："请不要打断我，听我把话说完。"

那些不懂礼貌的人总是在别人津津有味地谈着某件事情的时候，在说到高兴处时，冷不防地半路杀进来，让别人猝不及防，不得不偃旗息鼓。这种人不会预先告诉你，说他要插话了。他插话时不会管你说的是什么，而是将话题转移到自己感兴趣的方面，有时还会把你的结论代为说出，以此得意扬扬地炫耀自己的聪明。无论是哪种情况，都会让说话的人顿生厌恶之感。

虽然说打断别人的话是一种不礼貌的行为，但是如果是"乒乓效应"则属于例外。所谓的"乒乓效应"是指，听人说话的一方要适时地提出切中要点的问题或发表一些意见感想，来响应对方的说法。还有如果听漏了一些地方，或者是不懂的时候，要在对方的表达暂时告一段落时，迅速地提出疑问之处。

当然，如果对方与你说话的时间明显拖得过长，他的话不再吸引人，甚至令人昏昏欲睡，他的话题越来越令人不快，甚至已经引起大家的厌恶，你就不得不中断对方的讲话了。这时，你也要考虑在哪一个段落中断为好，同时应照顾到对方的感受，避免给对方留下不愉快的印象。

要在与人交际时获得好人缘，想让别人喜欢你、接纳你，就必须克服随便打断别人说话的陋习，在别人说话时千万不要插嘴，并做到不要用不相关的话题打断别人说话，不要用无意义的评论打乱别人说话，不要抢着替别人说话，不要急于帮助别人讲完事情，不要为争论鸡毛蒜皮的事情而打断别人。

有一次，在收音机的广播辩论中，美国的拉夏与当时坦桑尼亚驻联合国代表约翰·马拉塞拉就罗得西亚问题进行辩论。主持人约翰·马卡佛利为了给马拉塞拉大使与拉夏均等的发言时间而煞费苦心。这位大使因长年在联合国工作，资历比较老，养成想要说话时，要说多少就说多少的习惯，所以当拉夏要陈述自己的论点时，他立刻插进来，加以反驳，表示他自己的意见。

经过两三次这种打断后，拉夏觉得忍无可忍，决定亮出"秘密武器"。当马拉塞拉大使又一次插话时，拉夏大声对他说出一句单调反复的话:"大使,请您不要打乱我说话,那是不雅的。"

培根说:"打断别人,乱插话的人,甚至比发言冗长者更令人生厌。"你有说话的权利,对方也有说话的权利,别轻易打断别人。打断别人说话是没有教养的表现。

出了错误,掩盖不如用谐音把话说圆

谐音,是指利用字词的语音相同或相近,有意识地使用语句的双重意义,言在此而意在彼。谐音的妙用,在于能让人把话说圆而摆脱困境,甚至化险为夷。因为许多字词在特定场合中,用本音是一个意思,而用谐音则成了另一个意思。

据传,从前有个宰相,他有一个名叫薛登的儿子,生得聪明伶俐。当时有个奸臣金盛,总想陷害宰相,但苦于无从下手,便在薛登身上打主意。有一天,金盛见薛登正与一群孩童玩耍,于是眉头一皱,诡计顿生,喊道:"薛登,你像老鼠一样胆小,都不敢把皇城城门上的木桶砸掉一只。"

薛登不知是计,一口气跑到城门边上,把立在那里的双桶砸碎了一只。金盛一看,正中下怀,立即飞报皇上。皇上大怒,立刻传薛登父子问罪。

薛登父子跪在堂下,薛登却若无其事地嘻嘻笑着。皇上怒喝道:"大胆薛登!为什么砸碎皇桶?"

薛登想了想,反问道:"皇上,您说是一桶(统)天下好,还是两桶（统）天下好？"

"当然是一统天下好。"皇上说。

薛登高兴得拍起手来："皇上说得对！一统天下好，所以我便把那只多余的'桶'砸掉了。"

皇上听了转怒为喜，称赞道："好聪明的孩子！"又对宰相说："爱卿教子有方，请起请起！"

金盛一计未成，贼心不死，又进谗言道："薛登临时胡编，算不得聪明，让我再试他一试。"皇上同意了。金盛对薛登嘿嘿冷笑道："薛登，你敢把剩下的那只也砸了吗？"薛登瞪了他一眼，说了声"砸就砸"，便头也不回，奔出门外，把城门边剩下的那只木桶也砸了个粉碎。

皇上喝道："顽童！这又如何解释？"

薛登不慌不忙地问皇上："陛下，您说是木桶江山好，还是铁桶江山好？"

"当然是铁桶江山好。"皇上答道。

薛登拍手笑道："皇上说得对。既然铁桶江山好，还要这木桶江山干什么？皇上快铸一个又坚又硬的铁桶吧！祝吾皇江山坚如铁桶。"

皇上高兴极了，下旨封薛登为"神童"。

谐音是一语双关的表现形式之一。在上面这个例子中，薛登之所以能够化险为夷，就在于他巧妙地运用了谐音把话说圆了。

认真谦虚地听,完美地展现社交魅力

对话,是由两个人组成的,而每一方都承担着两个任务:说和听。你说的时候对方听,你听的时候对方说。听和说之间互相促进,共同构成对话的整体。

从某种意义上说,说与听二者之间,听对维持对话有更重要的意义。因为听可以增加对对方的了解,明白对方的要求和意图,从而决定你应该向对方怎么说、说什么等一系列说的行为。

但是,我们许多人在与别人交谈时往往缺少听的功夫。他们根本顾不上听别人说了些什么,有时又急急忙忙打断别人的谈话,或者心不在焉地听别人说话,有的人甚至断章取义,把别人的话掐头去尾,还有的滔滔不绝自顾自地说。

相反,当你同别人谈话时,如果别人将头扭向一边,做出一副爱理不理、漫不经心的样子,那么你谈话的兴致会骤减。"看他这副样子,他好像不太想跟我谈话,算了,不浪费时间了。"有的时候对方在你说话时附和着说两句"是吗""噢""是这样""原来如此"之类的话,但他那闪烁不定的神色好像在提醒你:"别浪费口舌了,我根本没听你在谈什么。"于是,好好的兴致被破坏了,一场谈话就半途而废了。

你也许有这样的感觉,如果你对面的听众能够做到聚精会神、侧耳聆听,你的心情一定会大不一样,你谈话的兴致会大大增加,你心里一定会说:"噢!瞧,他听我说话的样子多认真,似乎他对我说的话挺感兴趣的。"并且,如果对方边听边点头,并不断地发出"嗯、嗯"之声,那么你一定会谈兴大增,同时你对自己会产生更大的信心,话题也会源源不断地涌出,思路也会变得清晰流畅。或许,这场谈话会持续挺长一段时间呢。

显然，出现这些结果，都是由于善于倾听的人在无形中起到了鼓励对方的作用。如果你在交际场合想要建立良好的人际关系，那么专注认真地倾听别人谈话，向对方表示你的友善和兴趣，将会对你有极大的帮助。

当然，认真听是最重要的。认真而仔细地倾听对方谈话，是尊重对方的前提，有了前提才会有真诚的交流。接下来，友好而热情地对待对方，并且不时给对方以鼓励，也是尊重对方的重要内容。在倾听的过程中，你如果能耐心地听对方说话，就等于向对方表示了你的兴趣，等于告诉对方"你说的东西很有价值"或"你很值得我结交"。无形中，你让说者的自尊心得到了满足，使他感到了自己的价值。另外，说者对听者的感情会发生一个飞跃，"他能理解我""我终于找到了一个倾诉的对象"，于是，两人心灵的距离缩短了，交流使两人成了好朋友。

如何做一个听话能手，从而在交际场合大展魅力呢？

想成为一个听话能手，具有良好的听话习惯，注意礼貌是听人说话时必须具备的。要想会听，除了热情礼貌外，还要学习一些倾听的方法，每一个要想在这方面达到完善的人在平时都要注意适当的训练。听话时要专心致志，要用眼神和说话者交流，并呼应对方的讲话，表情姿势都要适合当时的客观环境。切忌眼光飘忽不定，不要显出不耐烦的样子，也不要在听别人说话时做其他事情。如果别人正在讲话，请不要轻易打断，也不要轻易接过别人的话头妄下结论。如果你确实没有听清，方可打断别人，询问时要显得有礼貌。

PART 3 | 用"心"表达，更容易被人认同

看清谈话对象的身份，然后再开口

我们应该懂得在交际中遇到不同的人说不同的话，以便满足对方的心理需求，从而赢得对方的好感。这是因为只有赢得对方的好感，才能让沟通更加顺利。

与人说话，先要明白对方的个性，对方喜欢婉转，应该说含蓄的话；对方喜欢率直，应该说直接的话；对方崇尚学问，就说高深的话；对方喜谈琐事，就说浅显的话。说话方式能与对方个性相符，自然能一拍即合。

1. 与地位高于自己的人谈话要保持个性

会说话的人在与地位高于自己的人谈话时，会保持自己的个性，维持自己的独立思考，不会去做一个"应声虫"。同时，与地位高者谈话还应注意以下几点：

（1）态度表现出尊敬。

（2）对方讲话时全神贯注地听。

（3）不随意插话，除非对方希望自己讲话。

（4）回答问题简练适当，尽量不讲题外话。

（5）表情自然，不紧张。

2. 与老年人谈话要保持谦虚

长辈教育后辈时常说，"我走过的桥比你走过的路还多"，这是很有道理的。大部分老年人虽然接受的教育较后辈少，可是无论怎样，其经验要丰富得多。因此，会说话的人在与长者

谈话时，会保持谦虚的态度。

人们不喜欢别人说自己老迈年高，他们喜欢显得比真实年龄年轻，或努力获得如青年人一般的活力和健康的朝气，这并非说他们企图隐瞒自己的年龄。事实上或许是因为他们自己为生活得很健康而感到骄傲。所以，会说话的人与老年人谈话时，不会直接提起他们的年纪，而只提起他们所干的事情，这样就能温暖老年人的心，而使他们觉得自己是一个非常令人喜欢的人。

老年人较之年轻人更希望得到尊重，在他们的一生中，他们曾成就过许多值得骄傲的事情，而他们就喜欢谈论这些作为。他们喜欢人家来求教，或听听他的劝告，喜欢人们尊敬他。

其实，与老年人谈话，是很容易的，因为他们很喜欢谈话。他们说话常滔滔不绝，如果打断他，就会显出粗鲁无礼的样子。因此，有时与他们谈话很费时间，可是只要用心听，他们的话是很有裨益的。

3. 与年轻人谈话要保持深沉

会说话的人在与年轻人谈话时会保持深沉、慎重的态度。这是因为年轻人的思想虽然超前，但有些方面的知识不及自己，因而不宜降低身份，还要注意不要给他们机会直呼己名。

与年轻人谈一些他们感兴趣的事物，让他们相信自己是从他们的立场来观察事物的，让他们明白自己也有与他们一样年轻的观念，这样谈话就能顺利地进行下去了。

别人郁闷时多说些宽心的话

所谓郁闷,也就是碰到了不顺心的事情,心情不好。在这个竞争激烈的社会,人们经常会碰到让人郁闷的事情,也经常会碰到正处在郁闷中的人。那么问题出现了:对郁闷的人怎样安慰?说什么话比较好?正确的方式是,多说理解的话。

小罗是一名大学生,他很喜欢一个女同学。大家都知道这个女同学跟一个家里很有钱的男生关系很好,就经常劝小罗一定要小心。但俗话说"当局者迷,旁观者清",小罗一直说那女同学告诉他了,她跟那个男生只是一般的朋友关系。

这种状态维持了半年,突然有一天晚上,小罗垂头丧气地回到宿舍,什么也不说就躺到床上。晚上熄灯很久了,他还在那儿辗转反侧。第二天大家问他怎么回事,小罗伤心地说,那个女孩昨晚约他出去,说从来没有喜欢过他,女孩现在已经是别人的女朋友了。

大家听了就七嘴八舌地教训小罗,说他早就应该听大家的劝,弄到今天是活该。只有小王默默地听着,午饭的时候他把小罗约到一个饭馆,要了两瓶啤酒,一边吃一边聊。小王告诉小罗,他自己也碰到过类似的事情,所以非常理解他的心情。他告诉小罗,自己当时也是很难走出那种痛苦,幸好一个学心理专业的同学告诉他多出去走走,多跟人交往,不要把自己封闭起来,他照着做了之后,才在较短时间里恢复了过来。他劝小罗重新拾起信心,面对生活,好女孩多得是,不一定非要等着一个不爱自己的人。

小罗听了小王的话,精神振奋了一些。此后他积极参加集体活动，加上大家都热心帮助他，很快恢复了乐观的生活状态。

有一句话叫"理解万岁"，家家都有难念的经，我们在自己碰到郁闷事情的时候都希望别人的理解，而在别人郁闷的时候经常不能理解对方的心情，不能发自肺腑地说出理解的话。设身处地想想，别人和自己是一样的，自己希望别人理解，别人何尝不是？多说理解的话，别人就会把你当成真心朋友，赞赏你、信任你，把你当成知己，在你郁闷的时候也会真心地理解你，说一些让你宽怀的话，人际关系的局面就会越来越好。

从顺着对方的话开始，让对方放松下来

跟人交谈的时候，不要以讨论不同意见作为开始，而要以强调而且不断强调双方达成共识的事情作为开始。即使对方已经拒绝了你，也应该尽量顺着这个思路说。要尽可能在开始的时候说"是的，是的"，尽可能避免说"不"。一位知名教授在他的书中谈道："一个否定的反应是最不容易突破的障碍，当一个人说'不'时，他所有的人格尊严，都要求他坚持到底。也许事后他觉得自己的'不'说错了，然而，他必须考虑到宝贵的自尊。既然说出了口，他就得坚持下去。"

一位日本官员正在演讲时，遭到当地一个妇女组织代表的指责："你作为一位官员，应该考虑到国家的形象，可是听说你竟和两个女人有关系，这到底是怎么回事呢？"

顿时，所有在场的群众都屏声凝视，等着听这位官员的桃色新闻。这位官员并没有感到窘迫难堪，而是十分轻松地说道："不止两个女人，现在我还和五个女人有关系。"

这种直言不讳的回答，使妇女组织代表和群众如坠雾里云中，迷惑不解。然后，这位官员继续说："这五位女士，在年轻时曾照顾我，现在她们都已老态龙钟，我当然要在经济上照顾她们，精神上安慰她们。"

结果，妇女组织代表无言以对，而观众席中则掌声如雷。

这位官员开始不仅没有反驳妇女组织代表，甚至承认自己的"坏事"。但随后一番言语，都间接反驳了这位妇女组织代表。这种从顺着对方的话开始，最终却成为一个否定意思的说话方法，既给了对方面子，又达到了自身目的，十分巧妙。

一开始就对对方的意见持否定观点，意味着从开始就要陷入争论。会说话的人懂得先顺着对方的话说，一开始就抵消一些敌意，让对方放松下来，对你接下来的意见也会更宽容一些。

多请教，以满足他人的为师欲

古人云："人之患，在好为人师。"从中可见，一般人都有这样的心理，除了爱听奉承之外，也愿意做别人的老师。

在与人交往时，你也不妨做一个忠诚的听众，把别人都当成自己的老师，少说多听，做一个学生，给对方表现自己的机会，最后达到沟通的目的。这就是"甘为人徒"的交流技巧。

小李和小陆是同一所大学的毕业生，他们的成绩都很优秀。两人入职同一公司。几年以后，小陆提升为部门主管，小李则调到公司下属的一家机构，职位明升暗降，因为没有任何管理权限。

他们入职该单位后，领导各交给他们一项工作，并交代他们可以全权处理。

小李接到工作任务后，做了精心的准备，方案也设计得十分到位。他一心投入工作，全然不记得要向领导请示一下。领导是开明的，既然说过他可以全权处理，自然不会干涉，但也没有和下面人交代什么。等到小李把自己的计划付诸实践，各部门人员见他是新来的，免不了有些怠慢，小李心直口快，与一个人顶了起来，这可惹了麻烦，因为这人正是总经理的助理。后果可想而知，他的工作处处受阻，最后计划中途流产。

小陆接到任务后，经过周密分析调查，提出了三个方案给领导看，又向领导逐条分析利弊，最后向领导请教用哪个方案。这时，领导对他的分析已经很信服，当然采取了他所推荐的那个方案。这时他又问领导该如何具体实施，领导说："你自己放手干吧，年轻人比我们有干劲。"小陆连忙说："我刚来公司，一切都不熟悉，还得多向领导请示。"因为小陆的态度谦恭，意见又到位，领导很满意，当即给几个部门的主管打电话，让他们大力协助小陆的工作。因为有了领导的交代，小陆在实施自己的方案时又时时注意与各部门人员协调，他的工作完成得又快又好。

多请教，满足他人的为师欲，你会受益匪浅。以人为师，少说为佳，但并不是不说话。若能把这条策略运用好，你还得说话。投其所好，不懂就问；对于懂的，有时也要暂时装作不懂去询问一下。你说话的目的在于提问的方式，使对方口若悬河，使对方心理有一种满足感和被尊重感，这时你再提出要求，就容易实现了。

PART 4 | 给人留足面子，做个受欢迎的人

有了分歧，切忌跟人发生正面冲突

第二次世界大战刚结束的一天晚上，戴尔·卡耐基在伦敦得到了一个极有价值的教训。当时他是罗斯·史密斯爵士的私人经纪。第二次世界大战期间，史密斯爵士曾任澳大利亚空军战斗机飞行员，被派往巴勒斯坦工作。战争胜利缔结和约后不久，他以30天旅行半个地球的壮举震惊了世界，没有人完成过这种壮举，这引起了很大的轰动。澳大利亚政府颁发给他巨额奖金，英国女王授予了他爵位。有一天晚上，戴尔·卡耐基参加一次为迎接史密斯爵士而举行的宴会。宴席中，坐在戴尔·卡耐基右边的一位先生讲了一段笑话，并引出了一句话，意思是"谋事在人，成事在天"。他说那句话出自圣经，但他错了。戴尔·卡耐基知道，并且很肯定地知道出处。为了表现出优越感，戴尔·卡耐基很认真地纠正他。他立刻反唇相讥："什么？出自莎士比亚？不可能，绝对不可能！那句话出自圣经。"他自信确定如此。

戴尔·卡耐基的老朋友弗兰克·格蒙在他左边，他研究莎士比亚的著作已有多年。于是，戴尔·卡耐基和那位先生都同意向他请教。格蒙听了，在桌下踢了戴尔·卡耐基一下，然后说："戴尔，这位先生没说错，圣经里有这句话。"

那晚回家路上，戴尔·卡耐基对格蒙说："弗兰克，你明明知道那句话出自莎士比亚。""是的，当然，"他回答，"哈姆雷特第五幕第二场。可是亲爱的戴尔，我们是宴会上的客人，为什么要证明他错了？那样会使他喜欢你吗？为什么不给他留点面子？他并没问你的意见啊！他不需要你的意见，为什么要跟他较真？应该永远避免跟人家正面冲突。"

戴尔·卡耐基说："很多时候你赢不了争论。要是输了，当然你就输了；如果赢了，还是输了。"在正面争论中，并不产生胜者，所有人在正面争论中都只能充当失败者，无论他（她）愿意与否。因为十之八九的争论的结果都只会使双方比以前更相信自己绝对正确；或者，即使你感到自己可能错了，却也绝不会在对手跟前俯首认输。在这里，心服与口服没法达到应有的统一，人的固执性将双方越拉越远，到争论结束时，双方的立场已不再是开始时的并列，一场毫无必要的争论造成了双方可怕的对立。所以，天底下只有一种能在争论中获胜的方式，就是避免争论。

口头冲突除了浪费时间、影响感情外，其实很难争出个输赢来。因为越到最后，双方的理智因素越少，成了每人一套理论，各说各的，谁也说服不了谁。与其这样，还不如避免口头上的正面冲突，各做各的事，不在这上面浪费时间和感情。

学会尊重，私底下指出别人的缺点

每个人都难免有缺点，并且可能在不同的场合表现出某种缺点来，还可能会破坏气氛。面对这种情况怎么办，是当场指出别人的缺点，还是先忍住，等到私底下再指出来？会说话的人懂得，私下指出是面对别人缺点采取行动的第一步。但有的人却常常要么对别人的缺点视而不见，要么直接对外宣扬，让别人下不来台，这里的教训实在值得我们思考。

做人要拥有一颗宽容的心。"金无足赤，人无完人"，不要苛求别人的完美，宽容让你自己不断完美起来。在别人的某些缺点比较严重时，我们应该以私下谈心的方式委婉指出，急风暴雨不如和风细雨，当场训斥不如私下平心静气、施以爱心。只有我们拥有了一颗宽容的心，别人才能感受到老师的真诚，在我们指出他们缺点的时候才能心悦诚服地接受。

朋友之间，指出缺点总会面临伤和气的风险，但作为朋友应该承担这种风险。风险有大有小，关键是选用的方法适当与否。人都是或多或少要面子的，指出缺点更应该顾及对方的面子，说话尽可能婉转一些。即使在私下场合指出朋友缺点和错误，也应充分考虑如何让对方愉快接受，最好先聊聊其他事情，以便在沟通感情、融洽气氛的基础上婉转地指出。

指出缺点更多时候是发生在角色地位并不平等的人之间，比如上司对下属、老师对学生。这些情况下可以公开指出缺点吗？当然不应该，照样应该维护下属和学生的面子。当员工违反明确的规章制度时，当然应当众指出其过错，在让他认识到缺点错误的同时，也可对其他人起到警示作用。假若员工在工作上出现小的失误，而且不是有意的行为，可在私下为其指出来，或以含蓄、暗示的方式使其意识到自己的失误。这样既能维护他的面子，又能达到帮他改正缺点的目的。

要时常反问自己："处理这件事最合乎人性的方法是什么？"当员工把事情弄糟了，有的领导者会把犯错误的员工当着其他员工甚至是这位员工的下属一通训斥。聪明的领导者会在私下里跟员工谈心，指出缺点，并且帮助他找出适当的方法去做好事情，还会肯定他已经做得很好的部分，以免让员工丧失信心。

所以作为上司，假如说下属真的表现出比较明显的缺点，一般应私下单独找他谈话，明确指出来，引导他今后如何正确处理类似的问题及注意事项，避免再犯同样的错误。这样，下属有问题才愿找上司反映或沟通谈心。

作为老师，对学生的缺点也要有一些明智的方法。

刘老师班上有个女生很优秀，有一段时间看到别人比自己成绩好，心里有些不平衡。刘老师通过网上聊天工具和她聊天，直接指出一些问题。这个女生很感激，情绪理顺了。对其他有缺点的学生，刘老师也尽量采取类似方法。"刘老师照顾我们的面子，我们也会尽力改正。"学生如是说。

有一次，刘老师经过教室，听到一位同学用粗话私下骂老师，他装着没听见，事后把那位同学请到办公室，告诉他老师已经听到他说的话，但不想当着全班人的面批评他，是为了尊重他。那位同学很诚恳地承认了错误并向老师道歉，后来变得很有礼貌。试想，如果刘老师当时走进教室狠批一顿，不但自己下不了台，有可能换来学生第二次更难听的粗话。

所以，在私底下指出其缺点，既是对别人的尊重，也会赢得别人对你的尊重。

用谦虚的态度和人说话

中国人自古以来视谦虚为美德，不谦虚的人很难获得大家的一致认同。我们心里可以很自信，但多数时候还是要谦虚一些，尤其是要用谦虚的态度和人说话。

1. 不要目空一切、居功自傲

有的人做出一点成绩、取得一点进步，就飘飘然起来，跟谁说话都趾高气扬，到处夸耀自己，搞得大家都为之侧目。

小杨是一家广告公司的职员，他设计的一个平面广告作品得了一项大奖，经理在会上表扬了他一番，并让他升任主管。小杨认为自己是个人物了，从此以"专家"自居。一次经理接到一个平面设计方案，请小杨来评价。小杨得意洋洋地说了半个小时，把那个方案批得体无完肤，最后结论是：应该返工重来。经理对这个设计本来比较满意了，听了小杨的话极不高兴，从此疏远了他。过了两年，公司里另一个职员小石也得了广告大奖。他吸取了小杨的教训，说话非常谦虚，态度和善，得到大家的一致喜欢。

2. 适当使用敬语

敬语能表现出说话者对他人的态度。对听话者来说，可以根据对话中是否使用敬语，了解说话人把自己置于什么地位。例如，上司想请新职员去参加聚会，直接说："你也来吧！"如果职员回答"好，去"会怎样呢？上司会认为新职员不会使用基本的礼貌用语，或者看低了自己，内心是不会平静的。这样一来，上司就会用另一种眼光看他。由于没有使用敬语，招致对方改变对自己的态度，日后之间的关系将会变得微妙。

常常听到有人说"现在的年轻人连敬语的使用方法都不知道，真可气"，这就是虽然本人没有不尊重的意思，但由于没有使用适当、确切的敬语，致使人与人之间的关系受到影响。

与其相反，使用适当的敬语，双方不仅能正常地保持沟通交流，还会提高别人对你的评价。特别是对女职员来说，更是如此。有人说："适当的时候，使用适当的敬语对女性来说，是语言之美的至高境界。"想想看，与前述相同的场面中，如果对于领导的邀请，你回答说："谢谢经理，我一定参加。"就会使人多少有些满足。心中对上司抱着什么态度，从语言中可以大体看出来。这种语言的运用，可以协调上级与下属、年长者与年轻者之间的关系，使听的人感到心情舒畅，因为那些语言会使人感觉到你比较有教养，且感情丰富。

3. 请人评判自己的意见

许多成功者，总是很谦虚地请别人评判自己的意见，因而获得别人的赞同。以谦虚的态度表示独断的见解，对使别人信任我们的意见及计划都有明显效用。

当然，有的时候也需要争辩，比如两个喜欢辩论的朋友，经过一次次辩论，也许对于双方都是有益而愉快的。美国威尔逊总统曾经对鲍克接连问了一小时的问题，使得鲍克不得不支持在他自己看来绝对相反的意见。但到了最后，威尔逊使鲍克感到吃惊的是：他告诉鲍克，他已经改变了主意，他已经醒悟了，要从另外一个观点去观察这个问题。鲍克非常吃惊，从此对威尔逊更加敬重。总之，别人可能在很多方面与我们意见不一致，这是可以预料的事情，你如果认为和他争辩之后，还能请他来评判一下自己的意见，他就会认为你是个谦虚的人，对你的印象会更好。

反驳也要给别人留面子

1961年6月，英国退役陆军元帅蒙哥马利访问中国。在河南洛阳参观时，他好奇地走进一家剧院，剧院正在上演豫剧《穆桂英挂帅》。当他了解到该剧的剧情后，连连摇头，说："这个戏不好，怎么能让女人当元帅？"于是，他和中方陪同人员发生了一个小小的争论。开始时，中方陪同人员解释说："这是中国的民间传奇故事，人们很爱看。"

蒙哥马利立即断言："爱看女人当元帅的男人不是真正的男人，爱看女人当元帅的女人也不是真正的女人。"

中方陪同人员不服气地说："我们主张男女平等，男同志能办到的事，女同志也能办到。中国红军里就有很多女战士，现在的解放军里还有一位女将军呢。"

蒙哥马利毫不退让地说："我一向对红军、解放军很敬佩，但不知道解放军里有女将军。如果真的是这样，我觉得会有损解放军的声誉。"

中方陪同人员反驳说："英国女王也是女的。按照英国的政治体制，女王是英国的国家元首和全国武装部队的总司令，这会不会有损英国军队的声誉呢?"

蒙哥马利突然语塞,无话可说了。显然,他对这个争论的结局,感到有些难堪,心中的不悦之感是可想而知的。

在社交中,谁都可能不小心出现一些小失误,比如念了错别字,讲了外行话,记错了对方的姓名、职务,礼节有些失当,等等。会说话的人如发现对方出现这类情况时,只要是无关大局,就不会对此大加张扬,故意搞得人人皆知,使本来已被忽视了的小过失,一下变得显眼起来。更不会抱着讥讽的态度,以为"这回可抓住某某的笑柄了",来个小题大做,拿人家的失误在众人面前取乐。因为这样不仅会使对方难堪,伤害其自尊心,惹其反感或恼怒,而且也不利于维护自己的社交形象,容易使别人在今后的交往中敬而远之,产生戒心。

第二篇

把事办得尽善尽美

PART 1 | 会办事才能在竞争中占据主动

与人相处，最重要的是"心领神会"

古人云："世事洞明皆学问，人情练达即文章。"不通人情世故的人很难在社会上立足。通达人情世故，必须善于揣摩人的心理。每个人都有难言之隐，包括平时那些团队中的管理者。平时，作为善于沟通交际的人，他们能做到心领神会，替人遮掩难言之隐。

郑武公的夫人武姜生有两个儿子，长子是难产而生，因而叫寤生，相貌丑陋，武姜心中深为厌恶；次子名叫段，成人后气宇轩昂，仪表堂堂，武姜十分疼爱。郑武公在世时武姜多次劝他废长立幼，立段为太子，郑武公怕引起内乱，一直没答应。

郑武公死后，寤生继位为国君，是为郑庄公。封段于京邑，国中称为太叔段。这个太叔段在母亲的怂恿下，率兵叛乱，想夺位。但很快被郑庄公击败，逃奔共国。郑庄公把合谋叛乱的母亲武姜押送到一个名叫城颍的地方囚禁了起来，并发誓说："不到黄泉，母子永不相见！"意思是要囚禁他母亲一辈子。

一年之后，郑庄公渐生悔意，感觉自己待母亲未免太残酷了，但碍于誓言，难以改口。这时有一个名叫颍考叔的官员摸透了郑庄公的心思，带了一些野味以敬献贡品为名晋见郑庄公。郑庄公赐其共进午餐，他有意把肉都留了下来，说是要带回去孝敬自己的母亲："小人之母，常吃小人做的饭菜，但从来没有尝过国君桌上的饭菜，小人要把这些肉食带回去，让她老人家高兴高兴。"郑庄公听后长叹一声，道："你有母亲可以孝敬，寡人虽贵为一国之君，却偏偏难尽一份孝心。"颍考叔明知故问："主公何出此言？"郑庄公便原原本本地将发生的事情讲了一遍，并说自己常常思念母亲，但碍于有誓言在先，无法改变。颍考叔哈哈一笑说："这有什么难处呢！只要掘地见水，在地道中相会，不就是誓言中所说的黄泉见母吗？"郑庄公大喜，便掘地见水，与母亲相会于地道之中。母子两人皆喜极而泣，即兴高歌，儿子唱道："大隧之中，其乐也融融。"母亲相和道："大隧之外，其乐也泄泄。"颍考叔因为善于领会郑庄公的意图，被郑庄公封为大夫。

与人相处，最重要的是那一份"心领神会"。有些事别人心里在想但不好说出来，更不用说去做了，这时就需要旁人的默契配合来解围。这是一种善于沟通的技巧，但是读懂他人，准确领会其意图，并非一日之功，需要平时细心留意，学会观察。

手勤眼快比死记硬背更重要

会办事的人大都手勤眼快，他们做事心态积极，心思细密，百灵百透，不管对人对事都能看出门道，看出症结，也能把握分寸、把握方法，而且反应快、动作快，能及时地解人之围、排人之忧。常言道"手勤眼快，人见人爱"，夸的就是这种会办事的人。

和珅本是官中的一名小侍卫，默默无闻。一日，乾隆要摆驾出宫，仓促间居然找不到黄龙伞盖，乾隆发了脾气，问道："虎兕出于柙，龟玉毁于椟中，是谁之过欤？"乾隆说的这句话，出自《论语》，因为他喜欢风雅，经常引经据典。

皇帝发怒，非同小可，一时间，随行人员瞠目相向，不知所措，而和珅知道此句出自《论语》，应声答道："典守者不得辞其责。"他声音洪亮，口齿清楚，语言干脆。

乾隆不禁一怔，寻声望去，只见答话者仪态俊雅，气质非凡，乾隆非常喜欢。问他出身，知是官学生，虽然学历不高，但毕竟是读书人出身，这在侍卫中也属凤毛麟角。从此记住了和珅，和珅也就开始发迹。

和珅常在乾隆身边，他对乾隆的性情喜好、生活习惯，甚至一言一语、一举一动，都处处注意，留心观察。时间一久，把乾隆的脾气、心理、喜恶等，了解得十分清楚。乾隆什么时候想要什么东西，什么时候该办什么事情，他一看乾隆的脸色，就能猜得出个八九不离十。有时不等乾隆开口，他早已把该要的东西准备好了。和珅费尽心机，在各方面都使乾隆非常满意。

有一年，顺天府举办乡试，四书的题目照例由皇帝钦命。先是内阁预先进呈一部四书，皇帝出完题后再发回。这一次当太监捧着四书发还内阁时，和珅就打听乾隆命题时的情况。太监说："皇上信手翻着《论语》，第一本快完的时候，忽然点头微笑，振笔直书。"和珅想了想，说："一定要考《乞醢》这一章。"考题发下来，果然如此。原来这一年是乙酉年，"乞醢"二字正好嵌着"乙酉"。和珅的揣摩本领由此可见一斑。

和珅是清朝的大贪官，甚至已经到了祸国殃民的地步，对于其贪腐我们必须要持批判和否定态度，不过其与人沟通交流的技巧却值得我们借鉴。

在生活中，眼色与手脚勤快有些时候比死记硬背更重要，不然头脑中装有再高深的知识，没有一定的眼力，像俗话说的那样，打铁糊了棉裤——看不出火色，也只能是个落魄的书呆子。

比别人多想一些，多做一些

想在纷繁复杂的现代社会竞争中获得成功，就需多想多干，这样才能为自己打牢基础、丰富经验，增加人脉资源。

人生在世，干事、创业的过程中难免会有风险，要想灵活应变、转危为机就要对自己的处境、行为、目的有深刻的了解，对各种不测事件有充分的思想准备，随形势、人事的变化决定行为方式。我们坚决不能以整人害人为目的，但在必要时，为了保全自己，应该毫不犹豫地以子之矛攻子之盾，以攻为守，避免被动。

公元前224年，秦国老将王翦率领60万秦军讨伐楚国，秦王嬴政到灞上为王翦大军送行，王翦向嬴政提出了一个要求，请求嬴政赏赐给他大量土地、宅院和园林。

嬴政不明白王翦的意思，不以为然地说："老将军只管领兵打仗吧，哪里用得着为贫穷担忧呢？"

王翦回答说："当国王的大将，往往立下了赫赫战功，最后却不能封侯。因此，趁着大王还宠信我的时候，请求大王赏给我良田美宅，好作为我子孙的家产。"嬴政听后觉得这点要求微不足道，一笑了之。

王翦带领军队行进到函谷关，心里还惦记着土地宅院的事，接连几次派人向嬴政提出赏赐田宅的要求。王翦手下的将领们见他率兵打仗还念念不忘田宅，觉得不可思议，便问他："将军如此三番五次地请赐田宅，不是做得太过分了吗？"

王翦答道："不对，秦王这个人生性好猜疑，不信任人，现在他把秦国的军队全部让我统领，我不借此机会多求一些田宅，为子孙们今后自立做些打算，难道还要眼看他身居朝廷而怀疑我有二心吗？"

第二年，王翦率军攻下了楚国，俘获楚王。嬴政十分高兴，满足了王翦的请求，赏给他不少良田美宅、园林湖池，将他封为武成侯。王翦的儿子王贲也是秦国将领，他率军先后攻下了魏国、燕国的辽东和齐国，被封为通武侯。他们父子两人都只要求财物，不求权力，嬴政终于明白了他们的心思，满足了他们的请求，并加以重用。

很明显，王翦是做事之前善于思考的人，他深知嬴政生性多疑，对任何人都不信任，自己握有重兵，嬴政对自己就会更不放心，自己随时都会遭受危险。为了解除嬴政的疑虑，转移嬴政的视线,他用多求田宅、园林的办法使嬴政对他放下心来并委以重任,同时也保全了自己和家人。

社会和职场竞争越来越激烈,世态变化无常,你在做人做事方面不多动些脑子、不多想些法子,就不可能处理好人际关系,也不可能在社会上获得成功。

要争取更多的人支持自己

如何才能获得更多人的支持?这是我们现实生活中的一个烦恼。不管我们做什么事情,如果有很多人支持我们,一般这个事情成功的概率都非常大。清代巨商胡雪岩善于经商,善于拓展自己的人脉资源。他的精明之处在于他善于抓住不同人的特点,急人之所急,给人以最需要的帮助。

胡雪岩生活的时代,要经营人脉网络,离不开银子的作用。胡雪岩深谙此道,自然从不吝惜银子,甚至到了有求必应的地步。比如,当时在浙江任道台的麟桂调署江宁府,临走时在浙江亏空的两万多两银子需要填补,一时筹不到这笔款项,便找到胡雪岩请他帮助补一下窟窿,胡雪岩二话没说爽快地答应了。这使麟桂派去和胡雪岩相商的亲信激动不已,称胡雪岩实在是"有肝胆""够朋友",要他一定不要客气,趁麟桂此时还没有卸任,有什么要求尽管提出来,反正惠而不费,他一定肯帮忙。胡雪岩做得也实在漂亮,他没有提出任何索取回报的具体要求,只是希望麟桂到任之后,有江宁方面与浙江方面的公款往来时,能够指定由他的阜康票号代理。这一点点要求，对于掌管一方财政的道台来说，自然是不费吹灰之力。事实证明，胡雪岩的投资是有眼光的，最终得到了意想不到的收益。

胡雪岩为了结识闽浙总督左宗棠，也颇费了一番心思。胡雪岩初次拜见左宗棠时，左宗棠因为听到一些关于胡雪岩与太平军关系的谣言，对他颇有戒备，甚至连个座也没给他，就让他一直站着说话。而胡雪岩最终还是得到了左宗棠的信任，甚至被其视为知己，左宗棠由此成为胡雪岩的有力靠山。正是有了左宗棠的大力推荐，胡雪岩才得到朝廷特赐的官员身份。其实，胡雪岩取得左宗棠的信任只做了两件事。

第一，献米献钱。胡雪岩回杭州，带了一万石大米和10万两银子。本来这一万石大米有一个名目，那就是当初杭州被围时，胡雪岩与王有龄约定，由胡雪岩冒死出城到上海采购大米以救杭州绝粮之急。胡雪岩购得大米一万石运往杭州但无法进城，只得将米转道宁波，现在杭州收复，胡雪岩将这一万石大米又运至杭州，且将当初的购米款两万银子交还左宗棠，等于是他既回复了公事，以此证明自己并非携款逃命，又另外无偿献给左宗棠一万石大米。那10万两银子则是胡雪岩为了敦促攻下杭州的官军自我约束，不要扰民，而自愿捐赠的犒军饷银。当时清军打仗，为鼓励士气，有一个不成文的规矩，攻城部队只要攻下一座城池，三日之内可以不遵守禁止抢劫奸淫的军规。胡雪岩献出10万两银子，是要换个秋毫无犯。

第二，主动承担筹饷重担。左宗棠几十万兵马与太平军交战，每月需要饷银25万两，当时朝廷支出的饷银，采取的是"协饷"的办法，也就是由各省拿出钱来做军队粮饷之用，实际上是各支部队自己想办法筹饷。胡雪岩听到左宗棠谈起筹饷的事,毫不犹豫地表示自己愿意为此尽一份心力。

戴尔·卡耐基说,人们只对自己感兴趣。这个要点告诉我们,人只对与自己相关的人或事感兴趣;人们普遍喜欢那些自己曾经经历过的事,这个要点告诉我们,当你要赢得他人支持的时候,不妨主动先去支持他人。

或许对方没有什么特别需要你的地方,当你懂得主动去关心对方的时候,提到那些他们觉得"是自己的事情"的问题时,其实已经打动了对方的心。

有的人在意的是利益,有的人在意的是价值,有的人在意的是成长,当你懂得用对方在意的方法和对方沟通的时候,自然就会收获他人的理解和支持。

适时吃点儿眼前亏,以后才不会吃大亏

会审时度势的人都懂得,在环境所迫时,要适当地吃一点儿眼前亏,因为他们知道,如果不这样做,可能要吃更大的亏。

一天,狮子建议九只野狗同它一起合作猎食。它们打了一整天的猎,一共逮了10只羚羊。狮子说:"我们得去找个英明的人,来给我们分配这顿美餐。"一只野狗说:"我们平均分配就很公平。"狮子很生气,立即把它打昏在地。

其他野狗都吓坏了,其中一只野狗鼓足勇气对狮子说:

"不！不！我的兄弟说错了，如果我们给您九只羚羊，那您和羚羊加起来就是10只，而我们加上一只羚羊也是10只，这样我们就都是10只了，这就是平均分配。"

狮子满意了，说道："你是怎么想出这个分配妙法的？"野狗答道："当您冲向我的兄弟，把它打昏时，我立刻就增长了这点儿智慧。"

我们常说"好汉不吃眼前亏"，聪明人在形势不利时，宁可暂时让步，以待来日。所以，这句话真正的含义是"好汉要吃眼前亏"，因为眼前亏不吃，可能要吃更大的亏。

当一个人实力微弱、处境困难的时候，也是最容易受到打击和欺侮的时候。在这种情况下，人的抗争力最差，如果能避开大的困难也算很幸运了。此时面对他人过分的对待，最好是退一步海阔天空，先吃一下眼前亏，立足于"留得青山在，不怕没柴烧"，用"卧薪尝胆，待机而动"作为忍耐与发奋的动力。

汉朝开国名将韩信是"好汉吃得眼前亏"的最佳典型。乡里恶少要韩信爬过他的胯下，韩信二话不说就爬了，如果不爬呢？恐怕要挨一顿拳脚，韩信不死也只剩半条命，哪来日后的统领雄兵，叱咤风云呢？他吃点亏，为的就是能保存自己的实力，以后才有了奋力进取的基础。

所以，会审时度势的人处于对自己不利的环境时，不会逞血气之勇，宁可吃眼前亏。

PART 2 | 投资人情，才会得到超额回报

人情，应该在最需要的时候用

人情，是一种资源，应该在最需要的时候用。人情是"消防队员"，救急不救穷。也就是说，人情可以帮助你，却是一笔可以使用却不宜透支的资源。

人情可以从两个视角上理解：一是你对别人的情分，二是别人对你的情分。你对别人的情施与多了，从对方的角度看，他就欠了你的情；别人对你的情施与多了，从你的角度看，你就欠了对方的情。虽然人情不可以量化，但在很多人心中还是有一杆秤，试图要称出它的分量。一般说来，一个人有多大的人情，就会获得多大的回报。有些人喜欢借助人情来办事，但人情是有限量的，好像银行存款那样，你存得越多，可领出来的钱就越多；存得越少，可领出来的就越少。你若和别人只是泛泛之交，你能请求别人帮的忙就很有限，因为他没有义务和责任帮你大忙，你也不可能一次又一次让人家帮你的忙，这是因为你的人情存款只有那么一点点。如果你要求得多，那就是透支了。不但不再有人情可支取，别人还会以为你不近人情，不知好歹，在与人交往时只想索取，不想付出，最后你会落得个没有分寸的名声。

因此，人情需要时时储蓄。每个人的心中都有一个"银行"，都设有一本"感情账户"。而能够充实"感情账户"，使"感情储蓄"日益丰厚的，只能是你对他人真诚、热忱的关心、支持和帮助。互助互利是彼此信任的基石，没有较深的感情则没有彼此的

信任。重视情感因素,不断增加感情的储蓄,就是积聚信任度,保持和加强亲密互惠的关系。你在"感情账户"上增加储蓄,就会赢得对方的信任,那么当你遇到困难、需要帮助的时候,别人才会积极施以援手。

三国争霸之前,周瑜并不得意。他曾在袁术部下为官,被袁术任命为居巢长,就是一个小县的县令罢了。这时候地方上发生了饥荒,兵乱使粮食问题日渐严峻起来。居巢的百姓没有粮食吃,就吃树皮、草根,饿死了很多人,军队也失去了战斗力。周瑜作为父母官,看到这悲惨情形急得心慌意乱,不知如何是好。

有人献计,说附近有个乐善好施的财主叫鲁肃,他家素来富裕,想必囤积了不少粮食,不如去向他借粮。

周瑜立即带上人马登门拜访鲁肃,刚寒暄完,周瑜就直接说:"不瞒老兄,小弟此次造访,是想借点粮食。"

鲁肃一看周瑜外形俊朗,显而易见是个才子,日后必成大器,他不在乎周瑜现在只是个小小的居巢长,哈哈大笑说:"此乃区区小事,我答应就是。"

鲁肃带周瑜去查看粮仓,当时鲁家存有两仓粮食,各三千斛,鲁肃痛快地说:"也别提什么借不借的,我把其中一仓送与你好了。"周瑜及其手下见他如此慷慨大方,都愣住了,要知道,在饥馑之年,粮食就是生命啊。周瑜被鲁肃的言行深深感动了,两人当下就互生敬仰之情。

后来周瑜当上了将军,他牢记鲁肃的恩德,将他推荐给孙权,鲁肃得到了干事业的机会。

请求别人的支持与帮助时,应该自信主动、坦诚大方地提出,尽管有一些有效的方法和技巧可以采用,然而最重要的是自己要乐于助人、关心他人,不断增加"感情账户"上的储蓄。

"人情储蓄"不可以频繁支取,也不能即有即支。生活中常有这样的人,帮了别人的忙,就觉得有恩于人,摆出一副高高在上的姿态,急于从别人那里得到回报,结果却犯了为人处世的大忌。这样做会引发相反的效果,即使帮助了别人也没能增加自己"人情账户",骄傲和功利心将"人情储蓄"完全抵消了。

人情是一种源于善良和热情的情谊,不要刻意为自己编织人情网,只要你用真诚去经营你的人际关系,你就能获得更大的帮助和更多的人情。

帮助朋友走出困境,与朋友真诚相交

在我们的朋友遇到困难的时候,在有些人见其失败了,就开始疏远冷落他们时,我们要该出手时就出手,千万别犹豫,这样在你需要人帮助时,他们才会鼎力帮助你走出困境。

当然,对他们的帮助要落在实处,不要停留在口头上。而且这种帮助也是需要技巧的,也就是说当你想帮助某个人的时候,要注意具体方法,想清楚如何帮助他,才能使他真正受益。如果不注意这一点,你常常会事倍功半,甚至适得其反。一位盲人在大街上着急地用盲杖敲着地面,是在说他不知道该怎么走了。好心的你走上去想帮助他,告诉他左边是北,右边是南,他其实仍然分不清楚,他需要你拉着他的手,带着他走一段路。

林林玲是一家医疗器械公司的销售代表,有一次,她准备去某国际医院拜访一位科室主任张某。临走时,同事马姐向她透露了一个最新情报:"张主任被免职了,现在王某才是主任,你不用向张某推荐咱们的产品。"林玲十分感谢马姐,但真的直接去找新主任吗?这样做似乎对张主任有点落井下石。

在过去一段时间的接触中,林玲知道张主任是他们医院的技术骨干,曾经荣获某跨国医疗集团"杰出青年专家"的称号。但他性格狂傲暴躁,据说半年前曾经因为一件小事当面与院长吵得不可开交,平常又总是太刚正,肯定会得罪一些人,他会遇到挫折是大家意料中的事。林玲为他感到惋惜,毕竟他是一位十分优秀的医生,这一点,病人和家属的交口称赞就是最好的证明。林玲想,反正拜访新主任是迟早的事,这次还是应该先见见张主任,于是她带着准备好的资料来到医院。

张主任正在办公室"闭门思过",林玲的到来令他感到有点意外。很明显,张主任的心情很差,他生硬地说:"以后直接去找王主任谈医疗器械采购的事,我已经不是主任了。"林玲微笑着递上资料,说:"新主任我以后会去拜访,不过这并不妨碍我拜访您啊,您是我们公司的老朋友了,我就是来拜访老朋友的呀。"

张主任愣了一下,似乎有些感动,态度也客气了许多,马上给林玲写了王主任的名字和办公室门牌号,说以后有什么问题找王主任也可以解决。林玲知趣地告辞了:"那您先忙吧,我下次再来拜访您。"张主任苦笑着说:"还忙啥呀?主任也不当了,没什么可忙的了!"林玲转回身来,问道:"您怎么会这么说呢?"张主任显然牢骚满腹,一时还不适应职务调整,站在办公桌后茫然四顾地说:"不当主任了,有什么可忙的?"林玲把自己的想法说了出来:"不当主任了,您还有自己的专业啊,您照样是杰出青年专家啊!现在,您可以有更多的时间研究医术了。要是都像您这么想,那我们这些大学毕业了却不能从事本专业工作的人又该怎么办啊?"

张主任惊呆了,从来没人敢这样对他说话,特别是一个他从未看在眼里的销售员。不过这个看上去还有几分稚气的小姑娘说得确实有道理。林玲最后说道:"其实很多时候环境是无法改变的,如果我们无法让自己完全妥协,至少我们可以决定自己面对逆境时的态度。不论在什么环境条件下,我们都应该尽自己最大的努力去发挥自己的才能,这样才不会后悔。"张主任点了点头,眼中似乎有泪光在闪动。

几个月后,张主任成为医院的首席专家。他的心态已经非常平和,因为他永远忘不了那天下午,一个普通的销售员给他上的难得的一课。而林玲也多了一个难得的朋友,在张主任的推荐和帮助下,林玲向公司提出了很多改进现有器械和开发新产品的建议,成为公司的明星员工。

我们常常说某人的成功,是因为有贵人相助。的确,如果一个人找到了自己的领路人,可以避免很多不必要的摸索与碰撞,少走弯路,减少挫折。而那些贵人就在身边,从现在起,多注意一下你周围的朋友,当朋友遇到困难和挫折,需要你出手相助时,一定要雪中送炭;趁自己有能力时,多结交一些有发展潜力的优秀人才,毕竟与优秀的人在一起,你也会越来越优秀,你的发展才会越来越好。

遇事待人要照顾对方的自尊

鲁迅说过,面子是中国人的精神纲领。爱面子似乎已经成为人性的一大特点。可是我们不能只爱自己的面子,而不给他人面子。每个人都有一道心理防线,一旦我们不给他人退路,不给他人台阶下,他只好使出最后的方法——转身离开或据理力争。因此,我们为人处世中,应谨记一条原则:别让人下不了台。

每个人都有自尊,都希望别人凡事能顾及自己的面子,而我们却很少会考虑到这个问题。有些人常喜欢摆架子、我行我素、挑剔、在众人面前指责孩子或下属,而没有多考虑几分钟,讲几句关心的话,为他人设身处地地想一下,要是这样去做了,就可以缓和许多不愉快的场面。

有一段时间,通用电气公司遇到一个需要慎重处理的问题——公司不知该如何安排一位部门主管查尔斯的新职务。查尔斯原先在电气部是个技术天才,但后来被调到统计部当主管后,工作业绩却不见起色,他并不胜任这项工作。公司领导层感到十分为难,毕竟他是一个不可多得的人才,而且他的性格十分敏感。如果不小心惹恼了他,说不定会出什么乱子。经过再三考虑和协调之后,公司领导层给他安排了一个新职位——通用公司咨询工程师,岗位级别与原来一样,只是另换他人去接手他现在的那个部门。

对这个安排查尔斯很满意,公司领导层也很高兴,他们终于把这位脾气暴躁的明星职员成功调换部门,而且没有引起什么风波,因为公司让他保留了面子。

一家管理咨询公司的会计师说:"辞退别人有时也会令人烦恼,被人解雇更是令人神伤。我们的业务季节性很强,所以旺季过后,我们不得不解雇许多闲置下来的人员。我们这一行有句笑话,'没有人喜欢挥动大刀'。因此,大家都很担心,唯恐避之不及,那解雇人的任务就会安排到自己头上,只希望日子赶快过去就好。例行的解雇谈话通常是这样的,请坐,汤姆先生。旺季已经过去了,我们已没什么工作可以交给你做了。当然,你也清楚我们……"

"除非不得已,我绝不轻易解雇他人,同时会尽量婉转地告诉他,'汤姆先生,你一直做得很好(假如他真是不错)。上次我们要你去尤瓦克,那项工作虽然很麻烦,而你处理得滴水不漏。我们很想告诉你,公司以你为荣,十分信任你,愿意永远支持你,希望你不要忘记这里的一切'。如此一番谈话,被辞退的人感觉好过多了,至少不觉得被遗弃。他们知道,如果我们有工作的话,一定会继续留住他们的。等我们再需要他们的时候,他们也很乐意再来投奔我们。"

面子是一件很重要的事,如果你是个对面子无所谓的人,那么你必定是个不受欢迎的人;如果你是个只顾自己面子,却不顾别人面子的人,那么你必定是个让大家反感的人。

事实上,给人面子并不难,也无关道德,大家都是在人情社会中生活,给人面子基本上就是一种互助。尤其是一些无关紧要的事,你更要会给人留面子。

被人需要胜过被人感激

每件事物都有其存在的特定价值：货币因流通的需要而存在，食物因饥饿的需要而存在，火因寒冷的需要而存在……人虽然与其他事物不尽相同，但却同样有被需要的情感诉求，就像母亲被子女需要、情侣被对方需要一样。

聪明的人宁愿让人们需要，而不是让人们感激。有礼貌的需求心理比世俗的感谢更有价值，因为有所求，便能铭心不忘，而感谢之辞终将在时间的流逝中消失。

1847年，俾斯麦成为普鲁士国会议员，在国会中没有一个可信赖的朋友。让人意外的是，他与当时已经没有任何权势的国王腓特烈威廉四世结盟，这与人们的猜测大相径庭。腓特烈威廉四世虽然身为国王，但个性软弱，明哲保身，经常对国会里的自由派让步。这种缺乏骨气的人，正是俾斯麦在政治上所不屑的。俾斯麦的选择的确让人费解，当其他议员攻击国王诸多愚昧的举措时，只有俾斯麦支持他。

1851年，俾斯麦的付出得到了回报：腓特烈威廉四世任命他为内阁大臣。他并没有满足于现状，仍然不断努力，请求国王增强军队实力，以强硬的态度面对自由派。他鼓励国王保持尊严来统治国家，同时慢慢恢复王权，使君主专制再度成为普鲁士最强大的力量。国王也完全依照俾斯麦的意愿行事。

1861年，腓特烈威廉四世逝世，他的弟弟威廉继承王位。然而，新的国王很讨厌俾斯麦，并不想让他留在身边。

威廉与腓特烈同样遭受到自由派的攻击，他们想吞噬他的权力。年轻的国王感觉无力承担国家的责任，开始考虑退位。这时候，俾斯麦再次出现了，他坚决支持新国王，鼓动他采取坚定而果断的行动对待反对者，采用高压手段将自由派人士斩尽杀绝。

尽管威廉讨厌俾斯麦，但是他明白自己更需要俾斯麦，因为只有俾斯麦的帮助才能解决统治的危机。于是，他任命俾斯麦为宰相。虽然两个人在政策上有分歧，但这并不会影响国王对他的重用。每当俾斯麦威胁要辞去宰相之职时，国王从自身利益考虑，便会做出让步。俾斯麦聪明地攀上了权力的最高峰，他身为国王的左右手，不仅牢牢地掌握了自己的命运，同时也掌控着国家的权力。

作为一名强者，俾斯麦认为依附于强势一方是愚蠢的行为，因为强势一方已经很强大，根本不在乎你的存在，也可以说根本不需要你；而与弱势一方结盟则更为明智，可以让别人因为需要你而依附你，让自己成为他们的主宰力量。他们不敢离开你，否则将会给自己带来危机，他们的地位会因此受到威胁，甚至崩溃。俾斯麦就是看准了这一点，才趁机登上了德国的政坛。

俾斯麦利用别人对他的需要创造了轰轰烈烈的人生，而有些人则利用别人对他的需要而保住了差点丢掉的小命。

在酷爱占星学的法国国王路易十一的宫廷中，养着许多占星师，其中有一位尤为与众不同。这位占星师曾预言一位贵妇会在三日之内死亡，结果预言成真。大家非常震惊，路易十一也被吓坏了。他想：如果不是占星师杀了贵妇以证明自己预言的准确性，那就是占星的法力太高深了。路易十一感到了巨大的威胁，于是决定杀掉占星师，以摆脱自己受制于人的命运。

路易十一下令士兵在宫廷中埋伏好，只要他一发出暗号，就冲出来将占星师杀死。占星师接到路易十一的召见，很快来到了王宫，路易十一见他便问："你自诩能看清别人的命运，那你告诉我，我能活多久？"占星师稍做思考之后，回答说："我会在您驾崩前三天去世。"

占星师的话令路易十一震惊，为了保住自己的性命，路易十一最终没有发出杀掉占星师的暗号。占星师凭着路易十一对他的依赖与需要，不单保住了性命，还得到了路易十一的全力保护，路易十一甚至聘请最高明的医生照顾他，享受了一生安康和奢华生活的占星师比路易十一多活了好几年。

想保全自己，并使自己有更大的发展，就要让别人依赖你、需要你，一旦离开了你，他的计划就无法进行，他的生活就难以继续。在这样的相互关系中，只需一个小小的举动，就能带来无数的感激。需要能带来感激，感激却未必能产生需要。

看透不点透，说话太直白容易伤和气

在人际交往中，有的事不必说得太明白，只要大家心知肚明就可以了。俗话说，"看透别说透"，因为事情说得太直白，反而会伤和气，或显得太无聊。懂得这个道理，在交际中自然游刃有余。

一日，老姜在县上巧遇好友老刘。寒暄之后，老刘说道："我正想去找你，没想到你就来了。"

"有什么我能帮上忙的?"老姜好奇地问。

"×镇的朱××诉H镇的周××赔偿一案,是你们受理的吧?"

"是啊。"

"周××是我的老乡。他是村里的致富能手,还帮助了好几个困难户,这人……"老刘说。

老姜插话笑道:"你就不必介绍他的工作业绩了,我们又不是选拔干部。如果只看工作业绩,那如果遇上一件劳动标兵告贼的民事案子的话,岂不是连审判程序也不必进行,直接判劳动标兵胜诉就行了吗?"

"对对对。"老刘连连点头。

"很多人总爱把犯过错误的人看扁,而犯过错误的人又不敢激烈申辩自己的正确主张。你是明理之人,只要依法为他辩护即可起到维护其合法权益的作用。你说对吗?"老姜说。

"言之有理。"

一番说笑后,二人分手了。

老姜与老刘之间没有因为诉讼代理而产生半点隔阂。相反,那些事事追究到底,口无遮拦地说出心中所想的人,在很多时候往往会破坏原本融洽的关系。

一次会议上,张教授遇见了一位文艺评论家。互通姓名后,张教授对这位文艺评论家说:"久仰久仰,早就知道您对星星很有研究,是大名鼎鼎的天文学家。"评论家半天没有反应过来,以为是张教授搞错了,忙说:"张教授,您可真会开玩笑,我是搞文艺评论的,并不研究什么天文现象。您是不是弄错了。"张教授正言答:"我可不是跟您开玩笑。在您发表的文章里,我时常看到您不断发现了什么著名歌星、舞台新星、歌坛巨星、文坛明星等众多的'星星',想来您一定是个非凡的天文学家。"弄得这位评论家尴尬不已,什么也没说,坐了一会儿就走了。

为人处世,需要练就一双"火眼金睛",有时也要做一只"闷嘴葫芦"。故事中的张教授以为自己看得挺明白,于是就对别人大加指责;而老姜则不同,他明白"看透不说透"的道理。这两种人处理事情的结果自然不同。

周总理在这方面是我们言行的典范,他总是抱着与人为善的至诚,对待别人犯的小错误,即使看出来也不当面批评,而是采用很委婉的办法,令人心悦诚服。

1952年,周总理率政府代表团抵达苏联,就我国"一五"期间苏联援建项目问题进行谈判。抵苏后,他把有关人员集中起来,逐字逐句讨论修改计划草稿。复印前,他专门叮嘱一位同志把好最后校对这一关。但是当周总理拿到稿子后发现仍然有差错,他并没有直接批评校对的同志。第二天,周总理来到代表团驻地与大家共进午餐,特地与这位同志碰了杯,笑着说:"罚酒一杯吧!"就是这么简单的一句话,既亲切又严肃,使这位同志内疚而又不会难堪,收到了"心有灵犀一点通"的效果。

谁都会有出错的时候,如果只是一味地泄私愤、横加批评、说难听的话,总是数落对方"你怎么这么笨""你怎么总是这样""你这样做太不应该了"等,是不太妥当的。

当某人行事有问题时,他内心会有反省,觉得抱歉、恐慌、不知所措,此时如果你再批评指责他,那么他会因为你的谴责而羞愧难过,甚至从此一蹶不振,无法树立自信。如果换一种语气,比如"从今以后,你会做得比这次好",或者"我想,下次你一定不会再犯这样的错误了"等诸如此类的话,对方不仅会感激你对他的信任,同时会感受到你的真诚,更重要的是有了改正错误的信心,在今后的工作、生活中,必定小心谨慎。

超出别人的期待,吸引更多的注意

西方有句谚语:"工作中的傻子永远比睡在床上的聪明人强。"对于不到30岁的年轻人来说更是如此。想取得成功,只做到全心全意、尽职尽责是不够的,还应该比自己分内的工作多做一点,比别人期待的更多给一点,这样你就可以吸引更多的注意,给自我提升创造更多的机会。

如果种植一株小麦只能收成一颗麦粒,那种植小麦就是在浪费时间。但实际上从一株小麦上可收获许多麦粒,尽管有些麦粒不会发芽,但这并不妨碍将麦粒转变成食物,农民的收成必定多出他们播下的种子好几倍。

多付出一点点是一种经过几个简单步骤之后,便可付诸实践的原则。它实际上是一种你必须好好培养的习惯,你应使它变为做好每一件事的必要因素。

如果你是以不情愿的心态提供服务,那你可能得不到任何回报;如果你只是从为自己谋取利益的角度提供服务,那你可能连希望得到的利益也得不到。

卡洛·道尼斯最初为杜兰特工作时，职务很低，而几年后已成为杜兰特的左膀右臂，担任其下属一家公司的总裁。他之所以如此快速升迁，是因为他"每天多干一点"。

有人拜访道尼斯，并且询问他成功的诀窍。他平静而简短地道出了个中缘由："在为杜兰特先生工作之初，我就注意到，每天下班后，所有的人都回家了，杜兰特先生仍然会留在办公室里继续工作到很晚。因此，我决定下班后也留在办公室。是的，的确没有人要求我这样做，但我认为自己应该留下来，在必要时为杜兰特先生提供一些帮助。"

"别人下班后，杜兰特先生经常要找文件、打印材料，最初这些工作都是他自己来做的。很快，他就发现我随时在等待他的召唤，并且逐渐养成召唤我的习惯……"

杜兰特为什么会养成召唤道尼斯的习惯呢？因为道尼斯自动留在办公室，使杜兰特随时可以看到他，并且诚心诚意为杜兰特服务。他这样做获得额外报酬了吗？没有。但是，他获得了更多的机会，使自己赢得老板的关注，最终获得了提升。

身处困境而拼搏能够产生巨大的力量，这是人生永恒不变的法则。如果你能在分内的工作基础上多做一点，那么，这不仅表现出你勤奋，还能提升你的能力，使你具有更强大的生存力量，从而摆脱困境。

社会在发展，公司在成长，个人的职责范围也在扩大，不要总是以"这不是我分内的工作"为由来逃避责任。当额外的工作分配到你头上时，不妨视之为一种机遇。

要成功，既要学习专业知识，也要不断拓宽自己的知识面，一些看似无关的知识往往会对未来起到巨大作用，而"每天多做一点"能够给你提供这样的学习机会。

多付出一点点的意义还在于强化自己的工作能力，并在工作上精益求精。如果你能抱着最佳心态，去执行你的任务，便能进一步强化你的技术。借着有规律的自律行动，你将会越来越了解多付出一点点的整个过程，并会在潜意识中产生对"高品质工作"的要求。多付出一点点，就像一盏明灯一样照着你，同时也照亮了他人。即使你的投入无法立刻让你得到相应的回报，也不要失望和沮丧，因为回报可能会在不经意间，以出人意料的方式出现。为什么铁匠的手臂会比一般人强壮，为什么经常遭受暴风雨侵袭及阳光照射的树木会比其他树木粗壮，只有一个原因，那就是多付出一点，多成长一点。

PART 3 | 借力办事，更容易办成事

找更多人为自己造势，成事更顺利

俗话说："七分努力，三分机遇。"我们一直相信"爱拼才会赢"，但偏偏有些人付出的努力和最终的成果不成正比。究其原

因，是缺少大家的帮助所致。在向事业高峰攀登的过程中，得道者多助绝对是不可缺少的一个因素。有更多人相助，可以使你尽快地取得成功，甚至可以使你飞黄腾达、扶摇直上。

不论从事何种行业，"老马带路"向来是一种传统。目的不外乎是想激励后进、储备人才。类似的例子在各行各业无处不在。有些知名度较高的人之所以成名，与周围人的倾力相助是分不开的。是集体的力量使他们得到机会，是集体的力量使他们快速成长。善于接受大家的帮助，是成功人士把握历史性机遇的关键性的一步，也是他们最终成名的要素之一。

这其中的道理是容易理解的。每个人的身上，都有着走向成功的条件，而如何使这些条件发挥出来，却由你身边无数的愿意帮助你的人决定。你接受了大家的帮助，就好比一粒种子投入一块适合自己生长的土壤，并充分得到土壤的滋养。

在耶路撒冷，有一个名叫"芬克斯"的酒吧，它连续几年被美国《新闻周刊》杂志选入世界最佳酒吧的前 15 名。

这个酒吧有 75 的历史了，它是由英国人创办的，至今，它的内部摆设包括桌子、椅子都保持着原来的样子。虽然它只有 30 平方米的面积，里面也只有一个柜台和五张桌子，是一个极为普通的酒吧，但由于经营有方，成了来耶路撒冷的各国记者们喜欢停留的地方。

这个"芬克斯"一跃而成为世界著名的酒吧，完全是因为美国前国务卿基辛格。

在 20 世纪 70 年代，为了中东和平而穿梭奔走的基辛格，来到耶路撒冷时，想去"芬克斯"酒吧放松一下。他打电话到"芬克斯"预约,接电话的恰好是店主罗斯恰尔斯。

基辛格自我介绍是美国的国务卿,那时在约旦和巴勒斯坦,可以说无人不知基辛格的大名,因为他的名字被人们传扬着,而且在推动中东和平进程中发挥着重要作用。罗斯恰尔斯起先非常客气地接受了基辛格的预约,然而,基辛格提出的要求却深深刺痛了罗斯恰尔斯那根职业道德的敏感神经。

基辛格这样说:"我有10个同事,他们也将和我前往贵店,到时希望你谢绝其他顾客。"基辛格认为这个要求绝对能够被接受,因为自己是基辛格,而对方不过是一个酒吧的小老板;而且自己光顾那家小店,无形中会提升它的形象。不料,罗斯恰尔斯给了他一个意想不到的回答。

罗斯恰尔斯非常客气地说:"您能光顾本店,我感到莫大的荣幸。但是,因此而谢绝其他客人,是我所不能做到的。他们都是老顾客,也是支撑着这个店的人,现在因为您的缘故把他们拒之门外,我是无论如何不能那样做的。"

对这个意外的回答,基辛格生气地挂断了电话。

第二天傍晚,基辛格又一次打电话。他首先对自己昨天的行为表示道歉,说这一次只有三个同事,只订一桌,而且不必谢绝其他客人。这对基辛格来说可算是最大的让步,但是结果令基辛格大感意外。

"非常感谢您的诚意,但我还是不能接受您明天的预约。"罗斯恰尔斯回答。"为什么?"基辛格起先大惑不解。"因为明天是星期六,本店的例休日。""但是,我后天就要离开此地,你不能为我破一次例吗?""那不行。作为犹太后裔的您也应该知道,对我们犹太人来说,星期六是一个神圣的日子,在星期六营业,是对神的亵渎。"基辛格听后,什么也没说,挂断了电话。

这则逸闻被美国记者知道后,写成《基辛格和芬克斯》的新闻,在美国报纸上广泛报道,"芬克斯"酒吧知名度顿时大增。罗斯恰尔斯利用的正是"名人效应"。想成就大事的人,一定要像罗斯恰尔斯一样懂得如何借力,尤其是巧借名人的声望给自己造势。通常情况下,借助名人的社会影响力,会使自己拥有更好的形象,为自己提供更大的推动力。

适时转移问题,借力成事

在不善于沟通的人看来,把问题转移给别人是一种不负责任的表现。但对善于处理复杂问题的人来说,把问题转移给别人并不是推卸责任,而是善于借别人之力成事。

汉高祖刘邦取得了楚汉战争的胜利,统一了天下。其中,他的谋士陈平出谋划策立下了不少功劳,深得刘邦赏识。后来,汉文帝(刘邦第四子)时,陈平升为左丞相与右丞相周勃共同辅佐汉文帝治理天下。

一日,汉文帝传口谕,召见陈平和周勃。两人接旨后赶忙进宫见驾,见到汉文帝后,跪拜施礼。汉文帝一笑,说:"两位爱卿,免礼平身,一旁赐座。"

两位起身,侧身坐在椅子角上,上身前倾,以示恭敬,汉文帝笑问:"周爱卿。"

周勃赶紧离座跪地，答应一声："微臣在。"

汉文帝接着说："周卿，朕问你，你日理万机，事务繁忙，你可知经你手处理裁断的事，一年大约有多少件吗？"

周勃心中一震，思索半天："臣愚拙，实在记不清每年处理多少事件。"汉文帝有些不悦，又问道："如此说来，周卿，你可知道我国库一年的收支有多少呢？只要大概即可。"

周勃此时额上背上尽是冷汗，身子有些发抖，声音都有些颤了："这……这……这……""这"了半天也没有回答上来，只得叩首谢罪。汉文帝没有理会他，转头问："陈爱卿。"陈平起身跪地，高声应答："臣在。"

汉文帝接着问道："陈卿，你可知道你一年处理多少事，我国库一年收支有多少吗？"

陈平忙奏："回皇上，关于这些问题微臣只有去问询负责之人方知。"汉文帝问："谁是负责人？"陈平不慌不忙地答道："廷尉负责裁判事件，治粟内史负责掌握国库的收入和支出情况。"汉文帝笑了，问道："陈卿，你不是在跟朕开玩笑吧，如果廷尉、治粟内史都各有所司，各行其职，那么，你们这丞相又有什么职责呢？"

陈平沉着冷静，不紧不慢地回答："陛下，臣斗胆犯言，身为丞相当使百姓安居乐业，各得其所。对外须镇抚四方，使各地诸侯服从中央，不敢稍有叛乱之举，对内则要督促所有官吏尽职尽责，搞好分内之事，却不必自己去过问一些琐碎之事。"

汉文帝听后连连点头，重赏陈平。没有多久，周勃引咎辞去右丞相之职，由陈平一人独担丞相重任。

陈平的为官之道很高明，作为一个善于处理复杂问题的人他并没有事事过问，事必躬亲，而是该放的就放开，让别人去承担相应的责任，真正做到"运筹于帷幄之中，决胜于千里之外"。

发现别人的优势和长处，取其长补己短

俗话说："一个篱笆三个桩，一个好汉三个帮。"还有句古话说得好："三个臭皮匠，顶个诸葛亮。"个体不同，就各有各的优势和长处，所以一定要善于发现别人的优势和长处，取人之长，补己之短。

一个人不能单凭自己的力量完成所有的任务，战胜所有的困难，解决所有的问题。须知借人之力也可成事，善于借助他人的力量，既是一种技巧，也是一种智慧。

很多事情就是这样的，当我们无力去完成一件事时，不妨向身边可以信任的人求助，也许对我们来说竭尽全力都干不好的事情，对他们来说却可能不费吹灰之力就能轻松搞定。与其自己苦苦追寻而不得，不如将视线一转，求助于那些有能力解决问题的人，这样走向成功的过程自然会顺利不少。

一个小男孩在沙滩上玩耍。他身边有一些玩具——小汽车、货车、塑料水桶和一把亮闪闪的塑料铲子。他在松软的沙滩上修筑"公路"和"隧道"时，发现一块很大的岩石挡住了去路。

小男孩企图把它从泥沙中弄出去。他是个很小的孩子，那块岩石对他来说相当巨大。他手脚并用，使尽了全身的力气，岩石

却纹丝不动。小男孩一次又一次地向岩石发起冲击，可是，每当他刚把岩石搬动一点点的时候，岩石便随着他的力气用尽而重新返回原地。小男孩气得直叫，使出吃奶的力气猛推。但是，他得到的唯一回报便是岩石滚回来时砸伤了他的手指。最后，他筋疲力尽，坐在沙滩上伤心地哭了起来。

这整个过程，他的父亲在不远处看得一清二楚。当泪珠滚过孩子的脸庞时，父亲来到了他的跟前。父亲的话温和而坚定："儿子，你为什么不用上所有的力量呢？"男孩抽泣道："爸爸，我已经用尽全力了，我已经用尽了我所有的力量！""不对，"父亲纠正道，"儿子，你并没有用尽你所有的力量。你没有请求我的帮助。"说完，父亲弯下腰抱起岩石，将它扔到了远处。

不要羞于向强者求助，有时对自己来说是天大的难事，对强者而言不过只需要动动手指头。甚至在另外一些时候，即使是竞争对手，也可为己所用。

借人之力，尤其对自己所欠缺的东西，更需要多方巧借。善于借助别人的力量，善于利用别人的智慧，广泛地接受大家的意见，多和不同的人聊聊自己的计划，多倾听别人的想法，多用点脑子来观察周遭的事物，多静下心来思考周遭发生的一些现象，将让你获益匪浅。

第三篇

说好难说的话，办好难办的事

PART 1 | 说好难说的话，摆脱窘境远离尴尬

主动拿自己"开涮"，可助你解决冷场

在许多场合中，由于有些人性格腼腆，或者彼此之间不够了解，而无法拥有共同的话题，使交往中出现了冷场的情形。

交流中最尴尬的局面莫过于双方无话可说。出现这种情况，有时候是因为一方对另一方说的话不感兴趣，有时候是因为我们说的意思和对方的理解有偏差，有时候是因为我们缺乏在某些特殊情景下的沟通技巧，有时也会因为你说的话触及了别人的敏感话题，造成别人不愉快，导致交谈无法继续下去。无论是哪一种情况，都有可能会让你焦虑。良好的沟通需要双方在适当的时候分别扮演起发送信息者和接受信息者的角色，就像跳探戈时需要两个人完美的配合。

"一个巴掌拍不响"，交流中一旦出现冷场的局面，需要两个人共同配合才能打破僵局。交流是两个人的事情，所以你不能指望等着对方为交流负起全部责任。因此，当出现冷场或者感觉尴尬的时候，要理智沉着，寻找双方的共同话题，不能一味地等着对方来缓解这种尴尬的场面。

雁翎曾有过一次痛苦的爱情经历，她对男朋友爱得如醉如

痴，可是对方却脚踏两只船，最终抛弃了她。

一次，雁翎与第二位男朋友肖遥约会时，肖遥问她："你对爱情中的'普遍撒网，重点培养'，怎么看？"没想到他话一出口，雁翎不但没搭理他，脸色还变得很难看。

肖遥知道自己不小心挑起了女朋友的痛苦回忆，赶紧补充道："啊，请别介意，我是说，我有一个讽刺对爱情不忠的故事讲给你。故事说有一个对太太不忠的男人，经常趁太太不在家把情妇带回家过夜，但又时常担心太太会发觉。所以，有一天晚上，他突然从梦中惊醒，慌忙推着身边的太太说，'快起来走吧，我太太回来了'。等他的太太从梦中清醒，他一下子傻了眼。"还没等肖遥的话音落下，雁翎已被他的幽默故事逗得喜笑颜开。

在这里，肖遥运用故事的形式首先转移了他俩谈话的方向，然后用幽默的感染力，淡化了他因说话不慎而给雁翎带来的不快情绪，从而自然而巧妙地把可能出现的冷场给化解了，赢得了心上人的开心一笑。

借他人之口传达歉意

生活中，我们时常会犯一些过错，有的错误很小，对他人不会造成什么严重的影响；有的错误虽然比较大，但可能只会给他人造成一些无关痛痒的影响。当我们犯了以上这些错误时，我们只需要向对方表达歉意即可。

可是，当过错严重、对方对你成见很深时，当面道歉很可能被对方劈头盖脸地训斥一通，这时候对方只会发泄情绪，而难以接受道歉。所以，此时最好通过第三者先转达自己的歉意，让对方先消消气，然后等对方心情稍微平静之后，再去道歉。

现实生活中，不乏这样的情况：有些人明知自己错了，也想向对方表达歉意，然而由于自尊心太强，面子太薄，觉得当面道歉难为情，或者双方因为其他的原因不便对话。这时，就可以考虑巧妙地借用中间人，让中间人为自己传达歉意，兴许还能收到比当面道歉还要好的效果。

巧借他人之口传达歉意，不仅可以保全致歉者的面子，对于接受道歉的人来说，当他了解了致歉者的良苦用心后，也可能会因为感动而不再生气。

使用这种技巧，有两个关键之处：一是选择合适的第三者，最好是对方的好朋友；二是你与第三者的交谈一定要恰到好处地表达自己的诚意，并且让第三者明白你的良苦用心，只有这样，第三者才会替你传达歉意。

借他人之口传达歉意，这个第三者最好是双方都认识或者交好的朋友，也可以是领导。不论是朋友还是领导，道歉都要表现出你的诚意，如果你"犹抱琵琶半遮面"，何谈一个"诚"字？另外，也不要说推卸责任的话，如"要不是因为……他（她）也就不会……"这种一味强调对方原因的话，说得好像自己根本没有错，那又何须道歉呢？

绕个圈子，学会艺术地说"不"

拒绝别人是一件很难的事，如果处理得不好，很容易会影响彼此的关系，所以在拒绝别人的时候要学会艺术地说"不"。喜剧大师卓别林说过一句话："学会说'不'吧。"学会有艺术地说"不"，才是真正掌握了说话的艺术。

1. 通过幽默的话拒绝别人

在拒绝别人的时候适当地加入一些幽默成分，不仅能不让对方难堪，而且你自己心里也不会有太多的压力和内疚。

2. 推托其辞

例如你的一位同事请你吃饭，以便让你帮他做某件事，你不便直接说"不"，就可找个理由推辞。你可说家里或单位有事，因此没有时间过去。这时，别人一般就会明白你是什么意思了。

3. 用答非所问的方式

婉拒对方的建议，可以假装答非所问，使对方一听就知道你不想答应他的要求。如果你的一位朋友邀请你星期天去看电影，你不想去时可以说："看电影不如划船，咱们去公园划船吧。"

4. 拖延回答

例如你一位老乡对你说："你今晚到我这来玩儿吧。"你不想去时可以说："今天恐怕不行了，改天我一定会去的。"这样的话听起来比"没空，来不了"的回答，显然更容易被对方接受。至于下次什么时候来，其实也并没说清楚。

5. 先扬后抑

对于别人的一些想法和要求，可以先用肯定的口气表示赞赏，再来表达你的拒绝。这样不会伤害对方的感情，也为自己留下一条后路。

难以启齿的逐客令要讲得不动声色

有朋来访，促膝长谈，交流思想，增进友情是生活中的一大乐事，也是人生道路上的一大益事。宋朝词人张孝祥在跟友人夜谈后，忍不住发出了"谁知对床语，胜读十年书"的感叹。然而，现实中也会有与此截然相反的情形。下班后吃过饭，你希望静下心来读点儿书或做点儿事，那些不请自来的好聊分子又要扰得你心烦意乱了。他唠唠叨叨，没完没了，一再重复你毫无兴趣的话题，还越说越来劲。你勉强敷衍，焦急万分，极想对其下逐客令但又怕伤了感情，故而难以启齿。

但是，如果你"舍命陪君子"，就将耽误很多事情，因为你宝贵的时间正在被别人占有着。鲁迅说："无端的空耗别人的时间，无异于谋财害命。"任何一个珍惜时间的人都会很反感被别人无端占用时间。

那么，怎样对付这种说起来没完没了的好友呢？最好的对付办法是：运用高超的语言技巧，把逐客令说得美妙动听，做到两全其美。要将逐客令下得有人情味，既不挫伤好话者的自尊心，又使其变得知趣。

例如，暗示滔滔不绝的客人，主人并没有多余的时间跟他闲聊胡扯时，与冷酷无情的逐客令相比，下面的方法就更容易被对方接受。

"今天晚上我有空，咱们可以好好畅谈一番。不过，从明天开始我就要全力以赴写述职报告了，争取这次能评上优秀工程师。"其含义是：请你从明天起就别再打扰我了。

"最近我妻子身体不好，吃过晚饭后就想睡觉。咱们是不是说话时轻一点儿?"这句话用商量的口气,传递着十分明确的信息:你的高谈阔论有碍女主人的休息,还是请你少来打扰。

有时那些不自觉的人对婉转的逐客令可能会意识不到。对这种人,可以用张贴纸条的方法代替语言,让人一看就明白。影片《陈毅市长》里有一位科学家,在自家客厅的墙上贴上了"闲谈不得超过三分钟"的大字,以提醒来客:主人正在争分夺秒搞科研,请闲聊者自重。看到这几个大字,纯属闲谈的人,谁还会好意思喋喋不休地说下去呢?

根据具体情况,我们可以贴一些诸如"我家孩子即将参加高考,请勿大声喧哗""主人正在自学英语,请客人多加关照"等纸条,制造出一种惜时如金的氛围,使爱闲聊者理解和注意。一般来说,纸条是写给所有来客看的,并非针对某一位,所以不会令某位来客过于难堪。

以柔克刚,正话可以反说

人们总是认为:口才好的人能在交际中左右逢源,随机应变。而不善表达的人常常会感到自惭形秽,认为自己不善于社交,对人际交往失去信心。其实在人际交往中,如何把话说得恰到好处才是成败的关键。

俗话说"良药苦口利于病,忠言逆耳利于行",我们要把话说得恰到好处,何不用顺耳的忠言、温柔的言语来表达呢。回想一下,公园的草地边竖立的牌子,有的写着"小草默默含羞笑,来往游客莫打扰""百花迎得嘉宾来，请君切莫用手摘"，还有的则用诸如"禁止""罚款"等字眼。哪一种更能让游客坦然接受，使花草得到爱护，这是一目了然的。

不论是工作中还是生活中，一个人的能力毕竟是有限的，不可能把任何事情都做到十全十美，犯一些错误是在所难免的，同学之间、同事之间，如果真诚地提出善意的批评，对于双方都是有益的。对于他人的任何批评和帮助，我们要怀着诚意，虚心接受。但是，既然是批评，语言可能会尖锐一些，语气也会严厉一些，忠言逆耳或者顺耳，批评能否被接受，这取决于批评者说话的方式方法。

某公司总经理发现人力资源部小张写的总结有不妥之处。他是这样批评的："小张，这份总结总体来说写得不错，思路清楚，重点突出，有几处写得很有见地，看来你下了功夫。只是有几个地方说法不妥，有些段落言过其实，有的地方尚缺乏定量分析，麻烦你再修改一下。你的文笔不错，过去几次写总结也是越修改越好，相信你这次也一定能改出一个好总结来。"

这样说，小张会感到领导对自己很器重，充满期望和信任，就会很卖力地把总结改好了。人活一张脸，树活一张皮。一个人的自尊是最宝贵也是最脆弱的。很多沟通高手在批评别人时，都会选择委婉的方式。聪明人总是在发现对方的不足时，想办法找个机会私底下向他透露，而且批评也是较为含蓄的，甚至他会将批评隐藏在玩笑中，这样能让对方很容易地接受建议。

谈吐有趣，在笑声中摆脱窘境

在日常生活中，常有人由于不慎而使我们身处窘境，或是向我们提一些过分的请求，或是问一些我们不好回答或暂时不知道答案的问题。此时，我们如果直接表明"不满意""不可能"或"无可奉告""不知道"，往往会给彼此带来不快。如果我们想从窘境中脱身而出，不妨借用幽默的力量。

有一次，英国议会议员里德在一篇演讲将近结束时，突然有一个人的椅子腿断了，那个人跌倒在地上。如果这时做演讲的不是像里德这样反应迅速的人，恐怕当时的局面会对演讲产生一种破坏性影响。聪明的里德马上说："各位现在一定可以相信，我提出的理由足以压倒别人。"就这样，他立刻就恢复了听众的注意力，而那个跌倒的人也在别人善意的笑声中，找到了新座位。

这个故事给予我们的启迪是：恰到好处的幽默能够使双方都从窘迫的情形中脱身而出，里德就是依靠这一点化解了演讲中的尴尬局面。

如果我们面临不好回答的问题，而又不能以"无可奉告"进行简单的说明，不妨找一个大家都能领悟的笑话来阐述，这样可以转移对方的视线。

1972年，在美、苏最高级别会谈前的一次记者招待会上，有人向基辛格提出了一个所谓的"程序性问题"："到时，你是打算点点滴滴地宣布呢，还是倾盆大雨地、成批地发表协议呢？"

基辛格沉着地回答："你们看，他要我们在倾盆大雨和点点滴滴之间任选一个，无论我们怎么办，总是坏透了。"他略微停顿了一下，一字一板地说："我们打算点点滴滴地发表成批的声明。"在一片轻松的笑声之中，基辛格解答了这个棘手的问题。

生活离不开交流，而每一个交流都可能会产生融洽与对立两种情况，一旦身处窘境，面对无礼要求或做不到的事情，就像站在悬崖上，前面是深渊后面是追兵。此时婉言拒绝或摆脱便成了我们必须掌握的一种说话方式，而灵活的头脑和幽默的谈吐就好像让我们生出了翅膀，顺利飞跃到高处，摆脱进退维谷的境地。

遭遇尴尬时故意说"痴"话

我们在不同的场合都有可能遭遇尴尬。尴尬的表现形式不一样，应对方式也有差别。用语言应对的一种很好方式，就是佯装不知，故说"痴"话，好像这种尴尬从来没发生过一样。

小玲在一次聚会上第一次穿高跟鞋和超短裙，还化了比较浓的妆。朋友们见她这样打扮，一片惊呼，自然而然地，她成了聚会的焦点之一。年轻人聚会的一项必不可少的活动就是跳舞，高跟鞋和超短裙肯定是不方便跳舞的，何况小玲还是第一回穿。开始她不愿意下舞池，后来在朋友们的劝说之下勉强跳了一会儿，谁知却出了问题，一个鞋跟扭断了，短裙也不小心撑裂了，她只好装作没事一样，一瘸一拐地回到座位上。

一个女孩看见了，忙跑过来问她怎么回事，她回答说脚扭了。女孩关心地弯下腰去看。"啊,你的鞋跟断了哎。真是的,怎么这么倒霉啊。哇,你的裙子怎么……好了别介意,大家都是朋友,谁都不会笑话你的,我也会给你保密的。你就在这儿坐着好了,待会儿结束了我陪你回家。"说着那位女孩又下了舞池,小玲沮丧地坐在那里。

一曲终了,大家都下场休息,一个男孩过来坐到了小玲对面,小玲生怕被他发现自己的糗事,赶忙说脚有点不舒服,说着把鞋跟没有问题的右脚挪到身前。男孩并不看她的"伤势",只是叫了两杯饮料,说:"跳舞很累吧,你平时看起来挺文弱的,一定小心啊。这种激烈运动连我都浑身湿透,你肯定更累吧。以后多锻炼锻炼,再穿上今天这么漂亮的衣服,那效果肯定很棒。"

两个人聊了半天,男孩始终没有提起她的"脚伤"。其实他早就看到是怎么回事,为了不让小玲尴尬,装作不知道,让小玲长长地舒了一口气。

这位男孩就是运用了"佯装不知"的技巧,避免了尴尬。

在社交场合,许多人遭遇尴尬后,即使假装不在意,其实心里还是会有个疙瘩,因为对每个人来说,面子都是非常重要的。所以,有时候当别人遭遇尴尬,你的安慰可能只会让对方感觉更没有面子。在这种情况下,故作不知,说一句痴话,让当事人释怀才是最好的方法。

实话要巧说

在生活中，人与人之间交流是避免不了的，同时说话的双方彼此都希望对方能对自己实话实说。但在某些特定的场合，顾及面子、自尊，以及出于保密等需要，实话实说往往会令人尴尬、伤人自尊。因此，实话是要说的，却应该巧说。

两个人的意见发生了分歧，如果实话实说直接反驳，就有可能伤了和气，这时候就需要巧妙地表达自己的意见。

一次事故中，主管生产的副厂长老马左手手指受了伤被送往医院治疗，厂长老丁来看望时，谈到车间小吴和小齐两个年轻人技术水平还行，但组织纪律观念较差，想让他们调换岗位一事。老马当时没有表态，只是突然捧着手"哎哟哎哟"大叫。丁厂长忙问："疼了吧？"老马说："可不是，实在太疼了，干脆把手锯掉算了。"丁厂长一听忙说："老马，你是不是疼糊涂了，怎么手指受了伤就想把手给锯掉呢。"老马说："你说得很有道理，有时候，我们看问题，往往因重视了一方面而忽视了另一方面啊。老丁，我这手受了伤需要治疗，那小吴和小齐……"丁厂长一下子听出老马的弦外之音，忙说："老马，谢谢你开导我，小吴和小齐的事我知道该怎么处理了。"

老马用手有伤需要治疗类比人有缺点需要改正，进而巧妙地把用人和治病结合起来，既没有因为直接反驳丁厂长伤了和气，而且维护了团结，成功地解决了问题。说话是一门应当用心钻研的艺术，说实话需要语言的修饰，要巧妙地表达自己的意思，尤其是说一些否定的话时，更要用心选择恰当的方式。

林肯当总统期间,一位朋友向他引荐某人,想让其成为内阁成员,林肯早就了解到该人品行不好,所以一直没有同意。朋友生气地问他,怎么到现在还没结果。林肯说:"我不喜欢他那副长相。"朋友一惊,道:"什么!那你也未免太严厉了,长相是父母给的,也怨不得他呀。"林肯说:"不,一个人超过40岁就应该对他那副长相负责了。"朋友当即听出了林肯的话中话,再也没有说什么。

很显然,这里林肯所说的"长相"和他朋友所说的"长相",根本不是一回事。林肯巧妙地利用词语的多义性,道出了"这个人品行道德差,我不同意他做内阁成员"这句大实话,既维护了朋友的面子,又达到了自己的目的。

打破与陌生人无话可说的尴尬

气质清新可人的文玲,眉宇间却总透出淡淡的忧伤。原来她不习惯和陌生人相处,经常弄得自己和别人都很尴尬。

文玲从小就很内向,进入高中后,更是天天埋头于学习,很少和同学交流;大学四年,她从不参加学校活动。今年7月,大学毕业后,她顺利地进入北京一家公司,但工作一个月后,公司就以业务能力不强为由将她辞退。她又来到北京某广告公司工作,但感到工作很吃力,没过多久也离开了。

踏入社会的两次努力都失败了,她变得越来越沮丧,于是天天把自己关在屋里,不见人也不愿和人说话,最后连见外人的勇气都没有了。

文玲的父母看到这种情况,非常着急,他们想尽办法开导她,还带她去看心理医生。在医生和父母的帮助下,她提起勇气又参加了一次人才招聘会,幸运地被一家公司录用为职员。

此后,她信心大增,将微笑带入新的工作岗位。虽然她仍然不善言辞,可是这次却被大家认为是为人正直、作风正派、有涵养的女孩。不久之后,她就能和不熟悉的人自然相处了。

其实,很多人都曾有过文玲这样的经历,不知道如何与陌生人交往,或者与人相处时不知道说些什么。处于这种状态的人,在独处的时候,往往会突然想到"那天我很唐突地说了那样一句话,真是不该",或者是"我当时怎么那么呆头呆脑的,真是破坏气氛啊",并且为此后悔不已。可是,世上没有后悔药可买,人们只好悔恨地提醒自己,下次不可以再犯。可是这种行为,经常弄得自己很紧张,更加惧怕与陌生人相处。

怎样避免这种尴尬呢?这里教你三招秘籍,只要你明白了其中的诀窍,那么无论在职场、在聚会中,还是在朋友身边,你都可以轻而易举地跨过人与人之间的心理栅栏,做个能说会道、善解人意的贴心人。

第一招,与陌生人相处时,只要你能发自内心地微笑,就能与他人架起一座沟通的桥梁。

第二招,察言观色,最好能从细微之处入手,看能否找出对方也感兴趣的话题。

第三招,如果确实觉得自己拙于言辞,不妨先做一个友好的倾听者,让他们多说一点,而后可以适当地提出自己的疑问,一般对方都会很乐意为你解答的,这样就可以顺利地开启与陌生人之间的话题了。

应对嫉妒,低调是最好的策略

生活中常出现这样的情况,比如准备了好长时间的计划书终于呈报老板了,在立项会议上各部门主管一致赞许,老板对你更加赏识。这时的你必然是春风得意,难掩喜悦之色,但在兴奋愉悦之际,也许正是"自埋炸弹"之时。

因为自己的得意往往会招来他人的嫉妒。嫉妒是人的天性,对别人的得意视而不见的人毕竟是少数。也许有人会锦上添花地说:"看来,老板就只信任你一个人啊。""经理这个位置非你莫属了。""他日高升之后,千万别忘记我啊!""你的聪明才智,公司里无人可及!"听到这些话语,切莫被美丽的恭维话冲昏头脑,聪明的人必须是理智的,你要告诉他们:"不要乱开玩笑啊,公司有那么多人才呢。""我的意见只是一时灵感,没什么特别的。""我还有很多东西要学。"

让别人嫉妒就等于无端树敌,那么,如何才能处理好这些关系,保护好自己呢?最好办法就是保持低调,要处处表现得虚心、容易知足,要与同事之间保持良好的关系。

低调的姿态是获取他人好感所必需的,大多数人欣赏的是低调为人的人。低调为人可以避免小人的妒忌之心,避免闲言碎语。在低调为人的同时,不妨给自己立下更大的奋斗目标,保持始终拼搏的劲头,一步步迈向成功的更高峰。

面对无理取闹，有时不可针锋相对

张林和婆婆一直相依为命地住在老房子里，和楼下的林女士家也一直相安无事。在林女士的丈夫因车祸不幸去世后，林女士就莫名其妙地开始找张林家的麻烦，有事没事的时候就跑到张林家大吵大闹，说她的丈夫是因为张林家太吵才死去的。到了晚上，林女士用木棒使劲敲打自家的天花板，使得住在她楼上的张林和婆婆没有办法好好休息。

张林本来对这些事情感到很气愤，准备去找林女士理论一番，可是一想到林女士刚死了丈夫，可能心情不好才会这样，所以也就先忍了。但是，张林的忍让，并没有让林女士收敛，反而变本加厉地制造麻烦。

有一天，张林的婆婆要去市场买菜，下楼路过林女士家门口的时候，林女士突然拉住张林的婆婆，不让她过去，嘴里还说着骂骂咧咧的话。后来林女士还推了张林的婆婆一把，让老太太跌倒受伤。邻居见到以后，都劝张林报警，因为林女士的所作所为，也对周围人的生活造成了很大的影响。张林虽然十分生气，但是她不想把事情闹大闹僵，所以她去找林女士理论，告诉她请她不要再无理取闹了，如果再这样下去，她就会报警。经过这次以后，林女士慢慢地收敛了她的行为。

在生活中，我们时常会遇到像林女士这样无理取闹的人。他们总是有意无意地给别人制造麻烦，时常让人有一种"秀才遇到兵，有理说不清"的感觉。面对他们的无理取闹，与之针锋相对，可能不会起到任何效果，反而会让其变本加厉，这时候保持风度是一种不错的选择。

张林面对林女士的无理取闹,一直都保持着风度,因为考虑到林女士心里的痛苦,所以也就一直让着她。后来,张林也没有像邻居建议那样选择报警,而是自己私下去给林女士一个警告,保留了林女士的面子。因为一旦报警,林女士肯定是理亏的一方,还有可能受到法律的处罚。

一个有风度的人,在面对他人的无理取闹时,一举一动都体现着智慧和修养,他的风度也体现着他人格的高度。

PART 2 | 多花心思,让不同的人帮助你

以"情"激发领导帮助你

人都有恻隐之心,领导当然也有。求领导办事能获得应允,有时恰恰是这种同情心起了作用。下属之所以找领导帮忙,是因为在工作中、生活中出现了困难,比如,经济困难、住房困难、子女就业困难等。找领导办事,说到底也就是想让他们帮助解决这些困难。要想把事情办成,最好的方法就是把这些苦衷原原本本、不卑不亢地向你的领导倾吐出来,让他对你的境遇产生同情,从而帮你把问题解决掉。

要激起领导同情,就需要把自己所面临的困难说得在情在理,令人同情不已。所以,越是给自己带来遗憾和痛苦的地方,

则越应该细致描述。这样,领导才愿意以助人为乐的姿态向你伸出援助之手,帮助你解决那些难题。

要引起领导的同情,还必须了解领导的个人喜好。他赞扬什么、批评什么,又讨厌什么,了解他的情感倾向和对事物善恶的评判标准。了解了这些,你就可以围绕着领导的喜好来唤起他的同情心。当引起对方感情的共鸣时,就一定会收到较好的效果。

某市房地产开发公司新竣工了一幢职工宿舍楼,按照刘某的级别和工龄,他只能分到一居室,但他确实有许多具体困难:自己和爱人、小孩挤在一间10平方米的小房子里,倒也还凑合,可他乡下的父母来了,就不方便了。于是刘某只好去找经理,一开口就对经理说:"经理,如果您公司有人把年老体弱的父母丢在一边不管,您认为该不该?"

"当然不该!是谁这样做?这还算是人吗?"经理非常愤怒,一脸的义愤。

"经理,这个人就是我。"刘某垂着头,无可奈何地说。

"你为什么这样做?平时我是怎么教育你们的?要你们孝敬老人,你竟然……"

刘某耐心地听爱啰唆的经理数落完,才缓缓开口说:"常言说道,养儿防老,我父母就我们两个孩子。姐姐出嫁了,条件也不好,况且,在我们乡下,有儿子的父母,没有理由要女儿、女婿养老送终,这是会被人耻笑的,除非他的儿子是个窝囊废。可我不是窝囊废,我是个大学生,又进了这样一家有名气、有口碑的好公司,在你这位能干、有威信的领导手下工作。一辈子含辛茹苦的农村父母,培养一个大学生多不容易呀,乡亲们都说我父母有福分,今后有享不尽的福。可是我现在,一家三口住在一间平房里,父母亲来了,连个睡觉的地方都没有。想把父母接到城里来,自己又没有条件;不接过来,把两个年老体弱的老人留在乡下,我心里时常像刀割般难受。我这心里一想起我可怜的父母……"刘某说到这里,落下了伤心的泪水。

"小刘,可你的条件只能分到一居室……"经理犹豫着说。

"我知道我来公司时间短,我也不好强求经理分给我两居室。如果经理体恤我那年老多病的父母,分给我一套面积大一点的一居室就行,我父母来了,放个床就行了。如果经理实在为难,我也不勉强,我再想想别的办法。"

经理沉默不语。

刘某知道经理在犹豫,于是趁热打铁地说:"您可以把我的具体困难在公司范围内公示,以得到大家的理解,我觉得咱们公司的人都挺有爱心的。另外,超出标准的面积,我可以按市价交纳房租。"

"小刘,你不要说了,我尽量给你想想办法。"

几天后,刘某拿到了新房的钥匙,是新房中面积最大的一居室。

由此可见,求领导办事可以在"情"上激发他。从上级曾经切身感受过的事情入手,在人之常情上下功夫,把自己所面临的困难说得在情在理,令人同情惋惜。

激起别人的同情心

大多数人都是具有同情心的,即使铁石心肠的人也不例外。同情心能够加强别人对你的理解,因此求人办事不妨先真诚地表达自己的实际困难。

在很多时候,用感情打动别人,激起别人的同情心,比滔滔不绝地讲大道理会更有效果。

一天,一位老妇人向正在律师事务所办公的林肯律师哭诉她的不幸遭遇。原来,她是一位孤寡老人,她的丈夫在独立战争中为国捐躯,她只能靠抚恤金维持生活。可前不久,抚恤金出纳员勒索她,要她交一笔手续费才能继续领取抚恤金,而这笔手续费竟等于抚恤金的一半。林肯听后十分气愤,决定免费为老妇人打官司。

法院开庭后,由于出纳员是口头勒索的,没有留下任何凭据,因而被告指责原告无中生有,形势对林肯极为不利。但他仍旧十分沉着和坚定,他眼含着泪花,回顾了英帝国主义对殖民地人民的压迫,讲述了爱国志士如何奋起反抗,如何忍饥挨饿地在冰雪中战斗,为了美国的独立而抛头颅、洒热血的历史。

最后,他说:"现在,一切都成为过去。1776年的英雄,早已长眠于地下,可是他们那衰老而又可怜的夫人,就在我们面前,要求申诉。这位老妇人从前也是位美丽的少女,曾与丈夫过着幸福的生活。不过,现在她已失去了一切,变得贫困无依。然而,某些人还要勒索她那一点微不足道的抚恤金,有良心吗?她无依无靠,不得不向我们请求保护时,试问,我们能熟视无睹吗?"

法庭里充满哭泣声,法官的眼圈也发红了,被告的良知也被唤醒，再也不矢口否认了。法庭最后通过了保护烈士遗孀不受勒索的判决。

没有证据的官司很难打赢，然而林肯成功了。这应归功于他的情绪感染，激起了听众及被告的同情心，达到了理智与情绪的有机统一，收到了征服人心的效果。

让清高傲慢的人放下架子来帮你

生活中自视清高、目中无人的人并不少见，他们总是表现出一副唯我独尊的样子，以一种居高临下的态度对待周围的人和事。与这种举止无礼、态度傲慢的人打交道，实在是一件令人难受的事情。

清高傲慢者往往自以为本事大，有一种至高无上的优越感，总以为自己很了不起，别人都不如自己。他们说话常常言语中带刺，做事我行我素，表现出强烈的自信甚至是自负心理，对别人则是不屑一顾，别人的意见与建议往往都置若罔闻，凡事都认为只有自己做得对，对别人持怀疑与不信任的态度。

与清高傲慢者打交道，我们应该掌握方法，要从如何使自己的事情办成为出发点来选择方式方法。例如，与清高傲慢者打交道是最容易遭受冷遇的，这时可采取类似针锋相对的方法，即以不卑不亢的态度，揪住对方之要害予以指出，打掉他清高孤傲的心理基础，这时对方只得放下架子，在同等地位上认真地与你交往。

1901年，美国石油大王洛克菲勒的第二代小约翰·戴维森·洛克菲勒，代表父亲与钢铁大王摩根谈判关于梅萨比矿区的交易事项。摩根是一个傲慢专横、喜欢支配别人的人，不愿意承认任何当代人物与之有平等的地位。当他看到年仅27岁的小洛克菲勒走进他的办公室时，摩根不以为意，继续和一位同事谈话，直到有人通报介绍后，摩根才对小洛克菲勒瞪着眼睛大声说："噢，你们要什么价钱。"

小洛克菲勒并没有被摩根的盛气凌人吓倒，他盯着摩根，礼貌地答道："摩根先生，我看您一定有些误会。我来这里不是为了出售那个矿区，相反，我的理解是您想要买。"摩根听了他的话，顿时目瞪口呆，沉默片刻，终于改变了声调。最后，通过谈判，摩根答应了洛克菲勒定出的售价。

在这个故事中，小洛克菲勒就是抓住了问题的关键：摩根急于买下梅萨比矿区，再直接一语点出，从而既出其不意地直戳对方的要害，说明实质，同时也表现出勇气和平等交往的尊严，使对方意识到自己应认真平等地交流。

与性情暴躁的人合作办事，要以柔克刚

在工作或生活中，我们时常会遇到性情暴躁的人。他们通常好冲动，做事欠考虑，思想比较简单，喜欢感情用事，行动如急风暴雨，以致许多人都不愿意和他们交往。与这种人打交道，应该谨慎，否则稍有得罪，他便捶胸顿足，怒不可遏。

脾气暴躁的人，容易兴奋，容易发怒，自我控制力差，动不动就发火，但这种人往往心直口快，不会搞阴谋诡计。而且他们重感情、重义气，如果对他们以诚相待，他们便会视你为朋友。

那么，如何对待脾气暴躁者的急躁与粗暴呢？遇上脾气暴躁的人冒犯你时，你一定得保持头脑冷静，一笑了之是不错的办法。这种"一笑了之"的笑，可以是泰然处之的微笑，可以是表示藐视的冷笑，也可以是略带讽刺的嘲笑……当然，最好是泰然处之的微笑，它不仅可以使自己摆脱尴尬的局面，而且可以让对方知难而退，避免事态恶化。

歌德有一次在公园散步，迎面碰到一个曾对他作品提出尖锐批评的评论家。那位评论家性格急躁，他对歌德说："我从来不给傻子让路。"

"而我相反。"歌德幽默地说，说完就站到了路边。

于是，歌德避免了一场无谓的争吵。

一句幽默的话语，一个微笑，往往是与脾气暴躁的人相处的必备技巧，同时赞扬也可以助你一臂之力。这种人一般比较喜欢听奉承话，因此我们要不失时机、恰如其分地给予他们一些赞扬。与脾气暴躁的人交往，宜多采用正面的方式，而谨慎运用反面的、批评的方式。

求沉默寡言者办事要直截了当

生活中不乏一些沉闷的人，他们总是沉默寡言、性格比较倔强。与他们交谈办事时，人们总是会感到沉闷和压力。

有一位新闻记者，他文笔很好，就是不喜欢说话，你问他什么，他都是含糊其词或者沉默以对，不肯多吐露一个字。当有人给他介绍广告客户时，他也只是淡然地说声："噢！是这样啊。"然后就不再言语，只顾低头写稿子，你根本不知道他对这件事情到底抱有什么样的态度。

其实，沉闷的人大多有比较明显的"闭锁心理"，他们既苦于无人知晓他们的心事，又不情愿让人真正知晓自己的心事。而且，他们的自尊心特别强，他们不仅关注自己的发展，要显示自己的价值，还会对周围的人关于自己的评价异常敏感，并常常为此产生较大的情绪波动。他们希望从别人对自己的态度及评价中了解自己，懂得借助外部折射来认识自己，尤其是领导的重视、同事的尊重。作为合作共事的人，应该持以诚心，对他们的行为予以客观公正的评价，往往会引起他们的反思，从而产生与人交流的愿望。

当我们求比较沉闷的人办事时，最好不要拐弯抹角，而应直截了当，这样办事成功的可能性会大大提高。比如，你说："行，还是不行？""是 A 还是 B？"这样问你就会得到一个明确的答案。如果你不采取这种方式，而问他"你觉得怎样做更合适呢"，那你就甭想他给出明确的答复。

面对沉闷的人，一些性格外向活泼的人为了活跃气氛，打破沉闷的局面，会故意找话题，其实没有必要。沉默寡言的人之所以这样，可能是出于某种心事而不愿多言。

此时，我们应该尊重对方，让其保持一种自我存在的方式。但是，此刻如果我们故意地没话找话说，东拉西扯，与对方闲谈，只能引起对方的反感和厌恶。

与疑心过重的人合作办事，要放开胸怀

你是否遇到过这样的人：他们处世非常小心谨慎，他们很少信任他人，对人和事总持怀疑的态度，甚至有的人始终认为，别人随时会攻击、侮辱甚至伤害他。为了保护自己，他们惶惶不可终日，心里老嘀咕着，到底有哪些事情别人知道而他们不知道。他们老是担心自己失去或错过了什么就会一败涂地。在他们的眼中，别人都有问题，都是可疑之人。

如果你的周围也有这样的人，那么他们就是疑心过重的人，这时你应学会与他们相处的艺术。

同猜疑心重的人交往不可急于求成，需以诚相待。不要奢望在短时间内取得他们的信任，你需要较长的时间去慢慢说服对方，让他们相信你的真诚，而且是不带任何个人目的的，只是为了帮助他们解决困难。

当别人开始冒出严重猜疑的言行，开始影响到你和朋友的关系时，赶快寻求别人的帮助——不一定非要找专家，也可以找其他朋友。别外，公开的对话有助于你们驱散交往中可能存在的阴影。这时，千万不要轻信多疑之人所说的与你有关的话，不管这类话是当着你的面还是在你背后说出来的。当然,最高的境界是宽宏大量,不必在意别人的多疑。

相反,你可能因为一时的冲动,使误会变成了公开的矛盾,这样不管谁取胜都会使另一方感到不快或委屈。这时,你得善于调节和控制自己的情绪,别让失去理智的情感冒出来并占了上风,而应用一种理智且可行的态度来应付这一切。

此外,要温和对待猜疑心重的人,避免粗暴说教,还要多鼓励他们与大家多接触、多沟通,如果他们做得好时要发自内心地给予真诚的表扬和称赞。

只要以诚相待、放开胸怀,设身处地地去帮助他们,就会使性格多疑的人有所改变。千万不要和多疑的人斤斤计较那些毫无价值的是是非非,而应以自己光明磊落的胸怀去与他们相处。

PART 3 | 花最少的精力和时间,办好职场难办的事

注意说话方式,为求职增加胜算

在现代社会中,面试已成为一个至关重要的招聘环节,那么该如何成功面试呢?

从一定意义上说,面试的过程是一个让面试官接受你、欣赏你的过程。如果能在最短的时间内发挥出自己的聪明才智,突出

自己的个性，让面试官眼前一亮，你就会有很大胜算。

在求职面试时，一定要注意说话方式，否则会让你与工作机会失之交臂。求职者倘若能把求职语言进行一番精美而富有创意的"包装"，那求职成功的机会就会大大增加。

A和B两名求职者的条件基本相同，都从同一家公司辞职出来，又同时到一家私营公司应聘，初试都顺利通过。有趣的是，复试时，人事经理问两人一个同样的问题："你为什么离开原来的那家公司？"B抢先回答："原来那家公司的老板是一个昧良心的人，一个彻头彻尾的虐待狂，我不想再给他卖命了。"A却心平气和，用一口标准的普通话说："其实，老板能否留人的关键不完全在薪水的高低，能够人尽其才，用人不疑，充分挖掘每个员工的聪明才智，我想这才是关键，同时也是我到贵公司的希望所在。"最后的面试结果可想而知。

求职面试过程中，面试官经常会问："你能说一说离开原单位的原因吗？"这个问题往往是面试官考察我们的一个"陷阱"，因为从你的回答中，面试官能从中获得很多有关你的信息，很多人因为没有回答好这个问题而导致面试失败。

面试过程中，面试官有时会问一些尴尬情境中的难题，看应试者怎样应答。应试者这时如果能随机应变，用富有新意的语言回答面试官的问题，表现出色，就会一下子赢得面试官的好感。

青青去深圳某电子公司应聘时，穿的是一袭雅致的连衣裙。老板问她，为什么愿意离开老家，从遥远的西安来深圳打工。

青青微笑着说:"因为在深圳一年四季都可以穿裙子。"这出乎意料的回答,令老板十分欢喜。他马上笑着站起来,走过去握着她的手说:"好,我们欢迎你,你有一颗纯真质朴的心。"青青用一句轻松的调侃,将一个比较棘手的问题回答得极有新意,这样的应变能力,自然能得到老板的欣赏。

因此,求职者回答这些看似简单的问题时,切不可掉以轻心。尤其是你的回答可能对你面试成功与否造成直接影响的时候,对一些敏感的原因要慎之又慎,否则,很有可能使你陷入面试的僵局。

例如,如果你离职的原因与前任上司有关。这时,对你的前任上司切不可妄加评论,要知道现在招聘你的考官可能就是你未来的上司,既然你可以在他面前说过去的上司不好,难保你今后不在其他同事面前对他说三道四。

其实面试官心里有数,知道许多人是因为不喜欢上司而辞职不干的,他们自己也可能因为同一原因换过工作,但是没有多少招聘人员喜欢听这种话。

惠普公司的副总裁麦克·李弗尔说:"我想不通为什么有些人希望我录用他,却又去谈他和以前的上司有冲突,那等于向我拉起了警报。"如果你真是因为上司太难应付而辞职,就应该委婉地告诉面试官,这比直接说出来好得多。

刘婷是一位很有工作经验和工作能力的文秘人员,当招聘她的女经理问她:"你人这么漂亮,学历又高,难道你原来的上司不喜欢你吗?"刘婷微笑着说:"也许正因为这个缘故,我才离开原来的公司。我宁愿老板事多累部属,也不希望他们'情多累美人'。我想在您手下工作,一定会省去许多不必要的烦恼。"刘婷并没有说"老东家"的好与不好,但一句"情多累美人"既让人同情也让人爱怜。结果刘婷很顺利地走上了新岗位。

初入职场,说话切忌"慷慨激昂"

你从一个环境转到一个新环境,面对新的上司和同事,从事的工作有时也与你以往做过的不大相同,这无形中会在你的内心中造成一种负担,仿佛人海茫茫,你却在一个孤岛上,不知道如何才能使自己投入人群之中并被大家所接纳。

到了一个新环境,要在同事之间建立良好融洽的关系,这时你要小心谨慎,以免因说话不当,使对方误解,甚至产生隔阂。那么初到公司,该怎么和同事说话呢?

小李是某大学新招聘来的教师,对最新的教育理论有较深的研究,讲课亦颇受学生欢迎,以致引起一些任教多年却缺乏这方面经验的老教师的议论。为了改变自己的处境,小李便故意在同事面前谈论自己的劣势:缺乏教学经验,对学校和学生的情况很不熟悉等,最后还一再强调"希望同事们多多指教"。

就这样,小李自曝短处后,终于有效地淡化了自己的优势,衬托对方的优势,减轻了老教师对他的妒忌。

如果你在公司中担任管理职务,自然是可喜可贺的事。如果别人跟你客套几句，你就马上陶醉而喜形于色，这会在无形中让别人心生嫉妒。所以，面对同事的赞许恭贺，应谦和有礼、虚心低调，这样不仅能显示出自己的君子风度，淡化同事对你的嫉妒，而且能博得同事对你的敬佩。

有的年轻人，初入职场，说话"慷慨激昂"，甚至锋芒太露，一般在一个单位都待不久。

一位大学生毕业后应聘到一家工厂，起初很得领导赏识，但好景不长，不到三个月，车间主任就对他越来越冷淡了，他怎么也弄不明白其中的原委。

经一位好心师傅点拨，他才恍然大悟：原来他刚走出学校，讲话爱用专业术语，而车间主任是中专毕业生，最烦别人在他面前咬文嚼字。这位大学生无形中触到了领导的"自卑感"，而使自己处于不利位置。

俗语说"小心驶得万年船"，同样，我们也可以说"谦虚能行万里路"。初来乍到的你必须要谦虚低调，你的路才有可能走得更远。职场上的路是靠自己走出来的，只要你诚恳、虚心并主动向他人伸出友谊的手，人们也一定会张开双臂欢迎你。

让合理建议的表达更有效

小徐年轻干练、活泼开朗，进公司才三年就成为部门里的主力干将。几天前，新总监走马上任，刚走进办公室，就把小徐叫了过去:"小徐,你经验丰富,能力又强,这里有个新项目,你就多费心盯一盯吧。"

受到新总监的器重,小徐欢欣鼓舞。恰好这天要去某市谈判,小徐一合计,一行好几个人,坐火车不方便,人也受累,会影响谈判效果。那就打车吧,一辆坐不下,两辆费用又太高;还是包一辆车好,经济又实惠。

主意定了,小徐却没有直接去办理。几年的职场生涯让他懂得,遇事向总监汇报一声是绝对必要的。于是,他来到总监跟前说:"总监,您看,我们今天要出去……"小徐把几种方案的利弊分析了一番,接着说:"所以呢,我决定包一辆车去。"汇报完毕,小徐发现总监的脸色不知道什么时候黑了下来。他生硬地说:"是吗?可是我认为这个方案不太好,你们还是坐长途车去吧。"小徐愣住了,他万万没想到,一个如此合情合理的建议竟然被总监否定了。

"没道理呀!傻瓜都能看出来我的方案是最佳的。"小徐大惑不解。

有一位朋友工作多年,他告诉小徐,凡事多向领导汇报的意识是很可贵的,错就错在措辞不当。因为小徐说的是"我决定包一辆车",在领导面前,说"我决定如何如何"是最犯忌讳的。

如果小徐能这样说:"总监,现在我们有三个选择,各有利弊。我个人认为包车比较可行,但我做不了主,您经验丰富,请您帮我们拿个主意吧。"领导听到这样的话,绝对会做个顺水人情,赞成这个建议的。

上司永远是决策者,下属永远是建议者。有什么要求只能用商量的口气提出来,让他感觉决定权在自己手里,只有这样上司才有可能同意你的要求。决不可以自己先做了决定再去向上司提出来,"先斩后奏"的人是不会被喜欢的。

留住想辞职的优秀员工

企业的竞争归根到底是人才的竞争。经济越发展,科技越先进,越能显现出人才的重要。

对企业来说,吸引外部人才加盟的同时,留住企业内部的优秀员工同样很重要。每一位成功的管理者都清楚地意识到人才的重要性。美国著名女企业家玛丽凯说:"人才比战略更重要,留住人才是好公司的标志。"那么作为企业管理者,该如何挽留住那些想要离职的优秀员工呢?

面对优秀员工的离职,对其离职原因进行客观的分析,是杜绝优秀员工辞职的关键所在。员工离职原因也是多方面的。

1. 薪资福利方面的原因

薪酬是衡量人才价值的标尺,也是引导人才流向的助推器。优秀的员工为企业的发展做出了很多贡献,对自己的薪酬待遇也会有更高的要求,很多时候会综合衡量企业内部和行业的薪酬水平。企业效益、工资水平、奖励制度、各种补助、工作条件等诸多因素都是员工可能考虑离职的因素。因此,企业必须要及时了解同行业的薪酬状况,适时调整自己员工的收入,以达到留住人才的目的。

2. 员工个人发展方面的原因

有些优秀员工离职，并不是因为薪资水平低，而是感到在本企业无法实现自己的个人价值，在事业上难以取得进步，或者看不到自己的发展空间，事业成就感得不到满足是导致人才跳槽的一个重要原因。

3. 环境因素

环境因素主要是指员工所在企业的基础设施和经营管理状况。这些因素既有有形的，也有无形的。有形的，如工作场所、地理位置、生产工具、办公手段等工作条件。无形的，如企业的性质、企业制度、管理状况、领导变更、人际关系是否复杂、与客户沟通是否通畅、工作压力如何、自由支配时间、有没有与付出相一致的回报，等等。此外，还有婚姻、家庭、个人实际困难等因素。这些因素与员工个人思想相联系、相碰撞，都可能成为离职的原因。

员工离职以后，虽然腾出职位可以补入新员工并给企业带来新的活力，但消极影响也是显而易见的，主要是容易造成员工心理不稳，对企业信心不足，影响企业的凝聚力和向心力，导致服务质量下降、生产效率降低、客源流失、商业秘密得不到保护，以及替换旧员工、培训新员工付出的成本较高，等等。特别是优秀员工流失，给企业造成的损失会更严重，所以作为企业管理者应当认真研究如何留住优秀员工。

要留住核心员工，必须抓住核心员工的内心需求，从物质需求向精神需求发展，在企业内部让员工能发财、成才，成就一番事业，形成员工认同的文化，才能从根本上留住核心员工。

如何消除部下对你的敌意

做好管理工作真的不容易，有人说做事容易做人难，管得多了不但没有效果，反而会影响彼此的人际关系；管得少了虽然能保住彼此的感情，但是又会影响工作效率。

身为领导，有时免不上要说部下几句，让部下感觉不愉快，这是造成领导与员工彼此对立的重要原因。因此作为领导，对员工说话时，注意方式、掌握分寸很重要。上司不应当仅仅看到部下的工作情况和成绩，还应当了解他们内心的烦恼。因此，上司讲话时要慎重，注意不要伤害部下的感情。上司讲话与提问的方式是极为重要的，如果掌握不好，就可能使部下与你产生对立情绪。看看下面两种对话方式：

上司：喂，你最近的表现可不太好啊！
部下：可是我已尽了最大努力了。
上司：努力？我怎么看不出来你在努力。
部下：我难道不是在工作吗？
上司：你怎么能用这种态度说话？
部下：那你要我怎么说呢？
上司：你太自以为是了，这就是你的问题所在。

上司这样对员工说话，很容易让员工对你产生不满，甚至产生敌意，不利于以后工作的开展和公司的团结。但是如果上司换一种说法方式，效果就会完全不同。

上司：喂，你最近的表现可不太出众啊，这不像你一贯的作风。

部下：我已经尽量努力了……

上司：是不是有什么心事？

部下：实际上……我妻子住院了。

上司：是吗？你怎么不早说，家里出了事应当早点告诉我，要不就先请几天假，好好在家照顾一下病人。

部下：好在已经没有什么大问题了。

上司：噢，那就好。如果有什么困难，尽管来找我。

在这里，上司表现出了体贴部下的心意，又注意到了不强压人低头，所以部下自然会十分感激。上司与下属沟通，甚至批评下属时，都要注意说话的方法，光是自认为理由充足可不行，还要掌握对方的心理特点，使对方心甘情愿听你的，千万不可让对方对你产生敌意。

对于员工的要求，领导要区别对待

在工作中，员工有时难免会向你提出某些要求，有的要求是合情合理的，有的却可能是情理之外的。作为上司，如何拒绝员工的某些要求，才不会使员工感到难堪或者影响员工的情绪呢？

一些平常你有可能会同意的要求，在某些场合你却不得不拒绝，例如，在全年生产最忙的几天，有人要请假，或者别的经理想从你的部门借调一名员工，你很可能会一口回绝："不行。"怎样的拒绝才会既合情合理又不会让对方难堪呢？

恰到好处的拒绝既有利于自己，也有利于别人。作为领导，你不可能什么事情、什么情况下都能满足员工的要求。有些人经常在该说"不"的时候没有说"不"，结果到头来既害己又害人，还将人际关系弄糟了。

对于员工的要求，不论合理与不合理，你都必须要有非坚持不可的立场。

当员工临时要求休假。这时可能会有两种情况：要么是你的下属没有按照休假计划的规定办事，要么是这段时间已经安排其他员工休假了。对前一种情况，应该让下属知道他没有遵守规定。你应该这么对他说："很抱歉，我们打算在那个星期盘点存货，每个人的工作任务都很重。你知道，正因为这样我们才规定每年的12月基本不安排休假。"有时，员工的请假要求与别人预先计划好的休假有冲突。遇到这种情况，你要让他明白，批假的原则是"先申请先安排"，所以不能批准他的临时请求。不过，可以准许他与已安排休假的那个员工协商调换休假日期。

当员工要求加薪或升职。尤其是那些工作中尽职尽力的员工，要领导开口说"不行"实在是一件很为难的事。有时员工的职位、薪酬早该变动了，但由于职位限制、经营困境，或其他因素使你无法对他们的勤奋予以奖励，要说"不行"更是难上加难。这时，最好如实相告，说清楚为什么不能提职或加薪。处理这类问题时，切忌做出超越职权的承诺。即便你说了承诺的事要视将来情况而定，如等生意出现转机、职位出现空缺之后等，员工仍可能把它看成是正式的承诺。

当员工要求调到另一部门。如果是一个在目前岗位工作比较吃力的人请求调动，那就赶快批准，你还应该庆幸自己的运气。

但如果最得力的员工要求调动，而且是在生产旺季，或在一时找不到人顶替的时候，千万不要断然拒绝，因为那样会使一个好员工消沉下去。你应该跟他坐下来谈谈为什么要申请调动。你会发现促使他调动的原因可能与工作无关，可能是他与某位同事关系紧张，也可能是由于一些通过调整工作可以解决的问题，通过交谈才会发现问题在哪里。如果谈话毫无结果，没有什么能使他改变调动的想法，你只有拒绝。但要尽可能减少给他造成的消极影响，尽量给他一线希望。比如可以说："现在不能调，过一两个月再看看有没有机会。"这样做不仅为你赢得了考虑其他可能性的时间，而且在这段时间里，员工的想法也可能发生变化。不管怎样，对员工的调动要求要表现出关心，有助于减轻拒绝对员工造成的伤害。

拒绝员工的某些要求，关键是怎么说"不行"。因为如果员工感到你对他的困难漠不关心，他就很可能另谋高就。具体处理时要尽可能灵活，探讨各种可能的办法，这样即便不得不否决他的请求，你为此所做的努力也有助于消除员工心中的不满。

把手下拧成一股绳

在工作中，上司与下属的关系，直接影响着单位与员工的关系，然而这种关系往往又很难处理。试想一下，对上司存在厌恶情绪的员工们，很难会拧成一股绳，为单位的存在和发展贡献全部力量。因此，无论是为了单位的事业还是为了个人发展，作为上司，一定要懂得一些凝聚人心的技巧，特别是当人心散漫时，要将一颗颗零散的心凝集起来,让下属全心全意为企业效力。

某一外企的部门经理由于动辄指责下属,深为下属所厌恶,为此该部门人心散漫,上下级间关系紧张,工作效率低下。一天,该公司的总经理怒气冲冲地走进办公室,无视部门经理的存在,指着制订工作计划的一位主管说:"你写的这是什么计划?"这时,那位部门经理却适时站了出来说:"是我要他这样写的,责任由我来负!"

从此以后,部门的氛围完全变了,部门经理虽然还像过去那样指责下属,但下属对经理的态度却已大不相同,散漫的人心也一下子向经理靠拢过来,因为他们意识到,部门经理是真正为他们着想、有担当意识的人。

令人惊异的是,经过此事后,总经理也更加信任这位部门经理,并对他说:"你早该这么做了。"

通过这样一件简单的事情,部门经理同时得到了下级和顶头上司的认可,真可谓一举两得。

作为下属,当意外事情发生时,最期望得到的就是上级的支持和帮助。上级的一句安慰,都会使下属感到无比的满足,使他愿意向上级敞开心扉。这种下属对上级的无限信任,是上级领导做好工作所必需的。

做好管理工作无疑必须具备极大的耐心。一个人的职位越高,往往越无法了解下属们对自己的看法。由于下面的人总是小心谨慎地观察上司的一言一行,即使是在批评下属,下属也可能敏感地猜疑:"经理到底是为了保护自己,还是仅仅为了教训人?"一位愿意承担责任的领导,必然可以赢得下属的衷心拥护和爱戴,同时也会赢得上司的信任。

巧妙应对不让人省心的下属

上司与下属的关系常常很微妙,作一个好下属难,但做一个能服众的好上司更难,因为上司不仅要面对来自于更高级别上司的工作压力,还要面对自己下属时不时的"刁难"。

所谓不让人省心的下属,就是那些上司难以与其相处或难以对付的下属。一般来说,不让人省心的下属主要有四种类型:有敌意的下属、逞强的下属、玩弄心机的下属、心有不满的下属。因此,对付不同的不让人省心的下属应采取不同的策略。

鲍勃是一家大企业的班组长,手下管着十来号人,虽然每次他都能把上级交给的工作完成得井井有条,但上级都不太喜欢他,甚至有点烦他,但对他又无可奈何。为什么会这样呢?原来每次上级部门给他这个班组布置生产任务时,他总是会心怀不满地抱怨说:"我每个月就拿这么一点点薪水,凭什么要交给我这么多任务?"

后来,这事被分公司的总经理知道了,便立刻派人对鲍勃的工作情况进行详细考察。得出最终的结果后,他不仅没有批评鲍勃,反而提升鲍勃为他所在部门的副经理。果然,鲍勃上任不久,就把这个原本效益不好的部门管理得有条不紊,利润也增加了许多。并且,鲍勃对于上级交给的任务也不再心怀不满,没有任何抱怨了。

作为管理者，对下属的品质、知识水平、工作能力、性格特点等各方面都应有所了解，这样才能充分运用他们每个人的优势，使他们都能在自己的工作岗位上，尽可能地发挥才能。对脾气性格有小毛病小问题的下属，要格外关照和注意，因为他们的工作态度和习惯不但影响自己的工作效率，也将影响其他人员的工作情绪。作为管理者，应尽可能地与各种性格的下属保持良好的关系，做好沟通工作。

第四篇

把话说得恰到好处,把事办得圆满漂亮

PART 1 | 懂点说话办事技巧，少一些生活磨砺

倾听对于别人来说就是"恭维"

倾听不仅是对别人的礼貌与尊重，甚至也可以说是对讲话者的高度赞美与恭维。每个人都希望获得别人的尊重，受到别人的重视。当我们专心致志地听对方讲话，甚至是全神贯注地倾听时，对方一定会有一种被尊重和重视的感觉，双方之间的距离必然会拉近。所以，懂得倾听会直接提高你的沟通和办事能力。

经朋友介绍，重型汽车推销员乔治去拜访一位曾经买过他们公司汽车的顾客。见面时，乔治照例先递上自己的名片："您好，我是某重型汽车公司的推销员，我叫……"

才说了不到几个字，该顾客就以十分严厉的口气打断了乔治的话，并开始抱怨当初买车时的种种不愉快，例如服务态度不好、报价不实、内装及配件不对、交接车的时间等待过久……

顾客在喋喋不休地数落着乔治的公司及当初提供汽车的推销员，乔治只好静静地站在一旁，认真地听着，一句话也不敢说。

终于，顾客把以前所有的怨气都一股脑地发泄完了。当他稍微喘口气时，方才发现，眼前的这个推销员好像很陌生。于是，他有点不好意思地对乔治说："小伙子，你叫什么名字，现

在有没有一些好一点的车,拿一份目录来给我看看,给我介绍介绍吧。"当乔治离开时,已经兴奋得几乎要跳起来,因为他的手上拿着两台重型汽车的订单。从乔治拿出产品目录到顾客决定购买,整个过程中,乔治说的话加起来都不超过10句。重型汽车交易成功的关键,由顾客讲了出来,他说:"我就是看到你这个人非常实在,有诚意又很尊重我,所以我才向你买车的。"只是几分钟的倾听,就做成了一笔业务,这就是倾听的魅力。

玫琳凯·艾施在《玫琳凯谈人的管理》一书中,对倾听的影响做了如此直白的说明:"我认为不能听取别人的意见,是自己最大的疏忽。"玫琳凯经营的企业能够迅速发展成为拥有20万名美容顾问的化妆品公司,其成功秘诀之一就是她相当重视每个人的价值,而且很清楚地了解员工真正需要的除了金钱、地位之外,还有一位真正能"倾听"他们意见的知心人。因此,她严格要求自己,并且使所有的下属人员铭记这条金科玉律:倾听,是最优先的事,绝对不可轻视倾听的能力。

所以,当你说话办事时,不要一味只顾着表达自己的想法和观点,留一点时间给别人,沉静下来听别人说话,你的倾听会给你带来更多的收获。

巧说赞美之词助你成事

想顺利地将一件事办好,必不可少的就是适当的赞美。赞美的话谁都会说,但是能否说得巧妙、自然,让对方从内心产生认同，真心诚意地帮助你，这里面就有一定的学问了。

美国黑人富豪约翰逊要修建一座办公楼，但在资金上还有300万美元的缺口，他跑了多家银行都没有贷到这笔款。

建造开工后，到所剩的钱仅够花一个星期的时候，约翰逊终于找到了一家银行肯贷款给他，但是他还有一个要求，就是当天就要拿到贷款，银行主管对约翰逊说："你一定在开玩笑，我们从来没有一天之内就能办妥这样的事的先例。"

约翰逊稍一沉思，说："你是这个部门的主管，也许你应该试试，看自己有无足够的能力把这件事在一天之内办妥。"

这样一下子就挑起了对方的好胜心，这个银行主管试过以后，把本来他说办不到的事办到了，约翰逊也如愿以偿地拿到了这笔贷款。

这类似激将法，是一种隐蔽的赞美方法，就像你说"这件事对你来说简直是小菜一碟"，这时即使对方办到这件事有一定的难度，他也不会告诉你"我做不到"，而是想办法达到你的期望，以免被你看扁，这是人们普遍存在的虚荣心理。

比尔·派克是佛罗里达州一家食品公司的业务员，他对公司新出的系列产品感到非常兴奋；但不幸的是，一家大型食品市场的经理拒绝了产品上架的申请，这令比尔很不高兴。他为了这件事想了很长时间，决定下午再去试试。

他对经理说："杰克，在昨天的交谈中，还没有让你真正了解我们最新系列的产品，假如你能给我些时间，我很想为你介绍我昨天漏掉的几点。我非常敬重你有让人充分表达的雅量,而且分析问题很准确,当事实需要你改变时,你会果断改变你的决定。"

杰克能拒绝他谈的话吗?在这个必须维持的美誉之下,他是没办法这样做的。

在办事过程中,要使赞美的语言产生效果,除了注意一些技巧,更重要的是有一份诚挚的心意及认真的态度,不要草率地发表看法。即使是赞美一个人也不要太夸张离谱,否则就变成了谄媚,对方也会觉得你很虚伪。

主动调侃比解释效果更好

与别人交往的过程中,很可能会由于自己的过失,造成尴尬的局面,这时不要惊慌也不要逃避,有一个很好的方法可以缓解尴尬的气氛,那就是自我调侃。

有一次,十多年没见的老同学聚会,因为大家都是好朋友,说起话来没什么顾忌。一位男同学打趣地问一位女同学:"听说你的先生是大老板,什么时候请我们到大酒店吃一顿啊?"他的话刚说完,这位女同学就开始表现出悲伤的神情。原来这位女同学的丈夫前不久因发生意外去世了,但这位开玩笑的男同学并不知道,这玩笑就显得有点过火。旁边的一位同学暗示这位男同学不要说了,但是他不明就里,还要自顾自地说下去,旁边的那位同学只好把实情告诉他。

得知真相后,那位男同学觉得非常尴尬,不过他迅速回过神,先是在自己脸上打了一下,之后调侃说:"你看我这嘴,十几年过去了,还和学生时一样没有把门的,不知高低深浅,只知道胡说八道。该打嘴!该打嘴!"女同学见状,大度地原谅了老同学的唐突,苦笑着说:"不知者不为怪,事情已经过去了,现在不提它了。"男同学忙转换话题,从尴尬中解脱出来。

自我调侃有时候也是一种超脱,说话办事时,对方可能是很尖刻的人,这时如果你与他针锋相对就会把气氛搞得很紧张,不利于沟通的顺利进行,而如果你把对方的攻击变成巧妙的自嘲,就会使对方感觉像"一拳打在棉花上",接下来就会收敛很多。

20世纪50年代初,美国总统杜鲁门会见十分傲慢的麦克阿瑟将军。会见中,麦克阿瑟拿出烟斗,装上烟丝,把烟斗叼在嘴里,取出火柴。当他准备划燃火柴时,才停下来,对杜鲁门说:"我抽口烟,你不会介意吧?"

显然,这并不是真心地向对方征求意见。杜鲁门讨厌抽烟的人,但他心里很明白,在面前这个人已经做好抽烟准备的情况下,如果他说介意,那就会显得自己粗鲁和霸道。

杜鲁门看了麦克阿瑟一眼,自嘲道:"抽吧,将军,别人喷到我脸上的烟雾,要比喷在任何一个美国人脸上的烟雾都多。"

杜鲁门总统以自我解嘲的形式来摆脱难堪的境况,而他的自嘲之中,还包含着深深的责备和不满,无形中则给了傲慢的麦克阿瑟以含蓄的训诫。

大多数人制造尴尬都不是恶意的，而是出于不小心，这时候，如果你过分掩饰自己的失态，反而会弄巧成拙，使自己越发尴尬。而以漫不经心、自我解嘲的口吻说几句逗大家开心的话，却可以活跃气氛，消除尴尬。

远离无谓的争论，有效深入人心

世上只有一种方法能从争论中得到最大的利益，那就是停止争论。你永远不能从无谓的辩论中取得胜利。如果你争论失败，那你当然失败了；如果你得胜了，你还是失败的。因为就算你将对方驳得一无是处又能怎样？你觉得很好，但他怎么认为？你使他觉得脆弱无援，你伤了他的自尊，他不会心悦诚服地承认你的胜利。所以说，所有无谓的争论都是没有价值的，会说话的人应该远离争论。

多年前有一位叫杰克的爱尔兰人，他因为喜欢和别人辩论，经常和顾客发生冲突，所以很难将他的载重汽车推销出去，但后来他成为纽约怀特汽车公司的一位推销明星。这其中发生了什么故事呢？

下面是他自己叙述这个非凡转变的经过："假如现在我去向客户推销汽车，如果他说，什么？你们的汽车？你白送给我，我都不要，我要买某某牌的车。我便告诉他，某某牌是名牌好车，如果你买那个牌子的车，这个选择很明智。那个牌子的汽车质量比较稳定，推销员也很优秀。于是他就没话可说了。如果他说某品牌最好，我就同意他的说法，他就不能整个下午继续说某品牌最好了。然后我们就可以停止这个话题，我开始讲自己的车的优点。"

本杰明·富兰克林常说："如果你在辩论中争强好胜，你或许有时获得胜利，但这种胜利是得不偿失的，因为你永远无法得到对方的好感。"

因此，你需要好好考虑一下，你想要什么，只图一时快感的表演式胜利，还是一个人的长期好感？

美国总统哈罗德·威尔逊执政时的财政部长威廉·麦肯锡，他将多年政治生涯获得的经验，归结为一句话："靠辩论不可能使无知的人服气。"

释迦牟尼说："恨不能止恨，爱却能止恨。"问题永远不能靠争论来解决，需要的是智慧、方法、宽容和理解。

委婉的表达更易被人接受

委婉是一种表达方法，是指在讲话时不直陈本意，而用间接和缓和之词加以烘托或暗示，让人思而悟之，而且越揣摩，含义越深越远，因而也就越具有吸引力和感染力。委婉含蓄是说话的艺术，它体现了说话者驾驭语言的技巧。生活中有许多事情是"只需意会，不必言传"的，如果说话者不考虑当时的情境，不顾及别人的感受，把想说的话直接地表达出来，不仅起不到应有的作用，还会引起对方的不悦，破坏相互之间的和谐关系。而委婉地表达自己的意思，即使是批评，别人也会很容易接受。

传说汉武帝晚年时很希望长生不老，一天，他对侍臣说："相书上说，一个人鼻子下面的人中越长，命就越长；人中长一寸，能活百岁，不知是真是假？"东方朔听了这话后，知道汉武帝又在做长生不老梦了，不觉哈哈大笑。汉武帝见东方朔似有讥讽之意，面有不悦之色喝道："你怎么敢笑话我。"东方朔恭恭敬敬地回答："我怎么敢笑话皇上呢，我是在笑彭祖的脸太难看了。"汉武帝问："你为什么笑彭祖呢？"东方朔说："据说彭祖活了800岁，如要真像皇上刚才说的，人中就有八寸长，那他的脸不是有丈把长吗？"汉武帝听了，也哈哈大笑。对于这种委婉含蓄的批评，汉武帝愉快地接受了。

现代文学大师钱钟书先生是个安静低调的人，他喜欢居家读书写作，闭门谢客，最怕被人宣传，尤其不愿在报刊、电视中扬名露面。他的《围城》再版以后，又拍成了电视，在国内外引起轰动。不少新闻机构的记者，都想约见采访他，均被钱老谢绝了。一天，一位英国记者好不容易打通了他家的电话，恳请让她登门拜见。钱老一再婉言谢绝没有效果，他就对英国记者说："假如你觉得《围城》很好，就像吃了一只鸡蛋，觉得不错，何必要认识那个下蛋的母鸡呢？"这位记者终于被说服了。

从上面的事例我们可以看出，委婉含蓄主要具有如下三方面的作用：

第一，人们有时表露某种心事，提出某种要求时，常有种羞怯、为难心理，而委婉含蓄的表达则能淡化这种羞怯。

第二，每个人都有自尊心。在人际交往中，对他人自尊心的维护或伤害，常常是影响人际关系好坏的直接原因；而有些表达，如拒绝对方的要求、表达不同于对方的意见、批评对方等，又比较容易伤害对方的自尊。这时，委婉含蓄的表达常能达到既能说出心里话又不伤害对方自尊的目的。

第三，有时在某种情境中，例如碍于第三者在场，有些话不便说，这时可用委婉含蓄的方法表达。

需要注意的是，委婉含蓄不等于晦涩难懂，它的表述技巧首先是建立在共同语境中对方能够明白的前提下，否则你的表达就是没有意义的。另外，委婉含蓄并不适合任何场合，需要直白的时候就不要委婉含蓄，否则反而会引起别人的反感。

开玩笑不要信口开河

我们不难发现，生活中那些会开玩笑的人特别受欢迎。他们凭借一个得体的玩笑，不仅给他人带来了欢乐，而且能迅速获得别人的好感。但是，开玩笑也要有分寸，并不是所有的场合都适合开玩笑，并不是所有的话题都可以用来开玩笑，如果把握不好开玩笑的度，不仅会得罪人，甚至会酿成悲剧。

莉莉是一家公司的外勤人员，是个聪明伶俐的女孩。她脑子快，言辞犀利，说话还非常幽默，无论到哪儿都是颗"开心果"。但如此可爱的莉莉，却得不到老板的青睐。原来，她不仅跟同事开玩笑,还会和平易近人的老板开玩笑,而且不注意开玩笑的分寸。一次,莉莉带着刚刚谈好的客户和协议来找老板签字。看到老板龙飞凤舞的签名,客户连连夸奖说:"您的签名可真气派!"莉莉听了却调皮地说:"能不气派吗?我们老板自己偷偷练了三个月,况且这是他写得最多的字。"此言一出,老板和客户都陷入尴尬。

开玩笑也要区分对象,如果双方都是同事,莉莉的话也许并不会引起反感,但是在客户面前开老板的玩笑就显得不合时宜了,这会让老板觉得很没面子,客户也不知道该怎样继续说下去,这就是莉莉为什么得不到重用的原因。

所以,开玩笑时务必要考虑玩笑带来的后果,绝不要信口开河,随意开玩笑。不然,发生意外时,只会让我们后悔莫及。

说话时要不羞怯

一说话就脸红,一笑就捂嘴,一出门就低头,这是许多天性羞怯者的共同表现。虽然屡下决心想改变,却总是没有很大的成效,怎么办呢?这里有几个改善羞怯心理的社交"处方",供大家参考。

第一,**想象自己是完美的化身**。这是许多名模、影星在表演之前惯用的方法,同样适用于职场。面对大客户或重要会议,先静坐,心中默想曾有的愉悦感受,譬如曾经聆听的悠扬乐章,感觉越具体,效果就越好。以控场的态度走入每间屋子,昂首阔步,抬头挺胸,仿佛一切都在你的掌握之中。

第二,**改善外表**。换一套新洗过的衣服,去理发店整理一下发型,这些办法会使你觉得焕然一新,增强自信。

第三,**进行想象练习**。想象你正处在自己最感羞怯的场合,然后设想你该如何应付。这样在脑海里把你害怕的场合先预演一下,有助于临场发挥。

第四,**逐渐接近目标**,可以减少你的焦虑。掌握害怕的根源,知道害怕时会有的生理反应,如冒冷汗或呼吸急促,当它们出现时你可以通过一些放松的小技巧来克服。说话时语气要坚定,没有自信的人都有说话过于急促、细声细气的毛病。说话的诀窍在于音量适中、语调平稳、速度不缓不急,这种状态显示出你对说话的内容信心十足。利用呼吸换气时断句,让内容显得流畅有条理,切忌以疑问句结束陈述事实的语句,以免影响语气的坚定性。

第五,**专心倾听别人的讲话**。在轮到你讲话之前,先专心听别人怎么讲。一来可以分心,让自己在准备阶段缓和心情;二来当你讲话时,别人也会专心听你的。

第六,**多找你不认识的人谈话**。例如在排队买东西时,多与人攀谈,这可以增加你的胆量和技巧,又不至于在人前出丑。

第七,**避免不利的字眼**。与其对自己说"我感到很紧张",不如说"我感到很兴奋"。

第八,**要相信一个事实**:其实在别人的心中,你并不像你想象的那样害羞。设法避免紧张时的动作,例如你演讲时手会发抖,那就把演讲稿放在讲台上。

第九,**事情做好了,庆祝一番**,这样有助于增进你的自信。

平常不要过于拘谨，要多参加活动，多与人接触，这对克服羞怯心理很有帮助。把抱怨收起来，认真做事才不会吃亏。在工作中，你给领导的印象应该是踏实的、低调的、不争功倨傲的，如果你给领导的印象恰好与此相反，比如你张扬、浮躁，总是不停地抱怨……这对你来说不会有任何好处。所以，为了你的前途，你应该把抱怨收起来，认真踏实地做好自己的事。

有一位在网络公司做美编的年轻人这样讲述自己的一段亲身经历：两年过去了，我的薪水依然没有提高。于是，我开始在经理面前含蓄地提到这个问题，经理一直装傻。我有点急了，那天办公室里就我和经理两个人，我故意抱怨道，这个月的房租又涨了，饭费也涨了……言外之意是，我的工资什么时候涨呀？

经理笑着说："别抱怨了，好好工作吧！大家的工资都是一样的。"

"是吗？真的一样吗？"我生气地脱口而出。怎么可能一样呢？我好像比同事少了好几百块呢。至于经理的工资，更不知道比我多多少倍呢。接下来，我把长久以来积聚的怨气都宣泄出来了："大家做的工作都是一样的，凭什么拿的工资不一样呢？要说工作经验，我也在这里工作两年了，什么经验没有呀？"

经理看了我半天，就像看着一只怪物。当时我觉得自己理由充分，所以一点也不心虚，但是我错了。

第二天，办公室里的同事相继对我说："我们刚来的时候比你的工资还少呢，到现在才一点点提升上去。"我心里一惊，肯定是经理找我的同事谈话了。

我跑进经理的办公室，直接对经理说："你对我有什么意见可以直接问我,不要让同事来告诉我,我觉得这样的做法不利于顺畅的沟通交流。"

经理瞪了我一眼,说:"没有哪个老板会喜欢一个总是喜欢抱怨的员工,如果你觉得我们这里的待遇不平等,你完全可以另谋高就。"

我无话可说了,到这时候我才知道自己错了,向经理抱怨是我不应该做的,而和经理说这些偏激的话,更不是我该做的。

工作中对领导说抱怨的话,是最愚蠢的做法。即使你对领导有什么意见,也应该采取一种比较委婉的说法,而不是用偏激的话语表达出来。毕竟对方是你的领导,你应该对他有基本的尊重,也要注意维护他的面子。否则,吃亏的只能是你自己。

首次见面,自我介绍要别出心裁

在向陌生人作自我介绍时,首先要做的就是自报姓名,但许多人在这方面却做得不太好,在介绍时只是简单地报出自己的姓名:"我姓×,叫××。"自以为介绍已经完成,然而这样的介绍肯定算不上有技巧,也许只过了三五分钟,别人已经把他的姓名忘得一干二净,无法给别人留下深刻的第一印象。

一个人的姓名,往往会有丰富的文化内涵,或折射凝重的家族历史,或反映时代的特点,或寄寓双亲对子女的殷切厚望。因此,自我介绍时在个人名字上做做文章能令人对你印象深刻。

1. 利用名人

如代玉自我介绍时说:"大家都很熟悉《红楼梦》里多愁善

感的林黛玉吧,那么就请记住我,我叫代玉。"再如王琳霞:"我叫王琳霞,和世界冠军王军霞只差一个字,所以每次王军霞获得世界冠军时,我也十分激动。"

利用和名人的名字相近的方式来介绍自己的名字,关键是选择的名人是大家都知道的,否则收不到效果。

2. 自嘲式

如刘美丽介绍自己时说:"不知道父母为何给我取美丽这个名字,我没有苗条的身材,也没有优雅的气质,更没有漂亮的脸蛋,这大概是父母希望我虽然外表不美丽,但不要放弃对一切美丽事物的追求吧。"

3. 自夸式

如李小华:"我叫李小华,木子李,大小的小,中华的华。都是几个简单的字,就如我本人,简简单单、快快乐乐。但简单不等于没有追求,相反,我是一个有理想并执着追求的人,在追求的路上我快乐地生活着。"

4. 联想式

如一个人叫萧信飞,他这样做自我介绍:"我姓萧,叫萧信飞。萧何的萧,韩信的信,岳飞的飞。"绝大多数人对"萧何月下追韩信"的典故和民族英雄岳飞都是熟悉的,这样一来,大家对他的名字当然印象就深刻了。

5. 姓名来源式

如陈子健:"我还未出生时,名字就已在我父亲的心中了。因为他很喜欢一句古语'天行健,君子以自强不息',于是毫不犹豫地给我取了这个名字,希望我像君子一样自强不息。"

6. 望文生义式

与其他方法相比，望文生义法有更大的自由发挥余地，例如下面的几例：

夏琼——夏天的海南，风光无限。

杨帆——一帆风顺，扬帆远航。

皓波——银色的月光照在水波上。

秀惠——秀外慧中，并非虚有其表。

7. 释词式

即从姓名本身进行解释，如朱红："朱是红色的意思，红也是红色的意思，合起来还是红色。红色给人热情、上进、富有生命力的感觉，这就是我的颜色。"

8. 利用谐音式

如朱伟慧："我的名字读起来像'居委会'，正因为如此，大家尽可以把我当成居委会，有困难的时候来找我诉说，本'居委会'力争为大家排忧解难。"

9. 调换词序式

如周非："把'非洲'倒过来读就是我的名字——周非。"

10. 摘引式

如任丽群："大家都知道'鹤立（丽）鸡群'这个成语，我是人（任），更希望出类拔萃，所以我叫任丽群。"

自我介绍中光介绍名字显得有些单一，应该加入更多的信息，这样会使你的自我介绍更出彩，给人留下深刻印象。你完全可以把自己的经历编成小故事，说给大家听，这样或许他们更有兴趣。总之，自我介绍是有很大发挥余地的，我们应该想方设法让它丰富起来，不要放过这样一个吸引人注意的机会。

多准备一些话题，消除交谈障碍

当你面对陌生人，第一个问题就是如何与他开始交谈，这个时候选择什么样的话题十分重要，你选择的话题要能引起对方的兴趣，让对方有与你交谈下去的愿望。但是，经常发生这样的情况，当我们见到陌生人时，内心的紧张会压倒表达的欲望，我们呆呆地站在那里，忘了该怎么开始……其实，交谈是一件很自然的事情，能够用来交谈的话题也有很多，你完全可以多准备一些话题，从中选择几个与对方交谈。

比如，衣、食、住、嗜好、娱乐；令人感动、感伤的事；家人、家庭、气候变化；旅行及有价值的参观；最近发现的商机；新闻、时事问题；一些人生经历的感悟；关于对方工作的话题等。

在话题的选择上，还有一些讲究须注意。例如，不谈对方深以为憾的缺点和弱点；不谈上司、同事以及朋友们的坏话；不谈人家的隐私；不谈生意不景气、手头紧之类的话；不谈一些荒诞离奇、低俗八卦的事情；不询问女性的年龄、婚否、家庭财产等；不说个人恩怨和牢骚；不说一些尚未明辨的是是非非；避开令人不愉快的疾病，忌夸自己的成就和得意之处等。

总之，话题是交谈中的助推器，有了话题才能消除障碍，让接下来的谈话顺利进行。

多寒暄几句，让对方开口说话

寒暄是交谈的润滑剂，它能在陌生人之间架起沟通的桥梁。由于两人初次见面，对彼此都不太了解，往往陷入无话可说的尴尬场面。这时我们不妨以一些寒暄语为开头，比如"天气似乎热了点"或者"最近忙些什么呢"，等等。虽然这些寒暄语大部分并不重要，然而，正是这些话才使初次见面者免于尴尬的沉默。以下几种方式可供参考。

1. 从天气谈起

愉悦的态度会给他人留下良好的第一印象，从天气谈起容易拉近两人的距离。

2. 询问对方的工作进展、身体状况等

例如你可以说："这阵子工作忙吗？""你看起来眉开眼笑，是不是有喜事呢？"

3. 从对方的行动谈起

例如，看到对方下班，可以问一句"下班啦"。不管采用哪种方式，寒暄都是打开对方话匣子的宝贵钥匙。

20世纪80年代，意大利女记者奥莉娅娜·法拉奇打算到我国对邓小平进行一次专访。然而，当时我国刚刚改革开放，法拉奇担心对邓小平的专访能否成功。于是，在采访前，她翻阅了许多有关邓小平的资料，在看到一本传记时，她注意到邓小平的生日是1904年8月22日。于是，她脑海中有了一些想法。

1980年的8月22日，邓小平接受了法拉奇的专访。

"邓小平先生，首先我谨代表我们意大利人民祝福您，祝您生日快乐！"法拉奇十分谦逊有礼地说。

"我的生日？我的生日不是明天吗？"邓小平诧异道。

或许是工作太繁忙了，邓小平已经忘记了自己的生日。法拉奇这么一说，邓小平自己也搞糊涂了。

"没错,邓小平先生,今天确实是您的生日。我是从您的传记中知道的。"法拉奇信心十足地说。

"噢!既然你这样说,就算是吧。我从来也不关注什么时候是我的生日。就算明天是我的生日,我也已经76岁了。76岁啊,早就到了不服老也不行的年龄了!这也值得祝贺?"

显然,法拉奇的问候让邓小平对自己的年龄有些感慨,所以邓小平不禁和她开了个小小的玩笑。

"邓小平先生,我父亲也是76岁了。如果我对他说那是一个不服老也不行的年龄,他会给我一巴掌!"法拉奇也和邓小平开起了玩笑。

邓小平听后,哈哈大笑。"他的想法也许是对的。不过,我相信你肯定不会对你父亲这样说的,对吧?"采访气氛就这样十分融洽而轻松地形成了,接下来便是法拉奇此行的真正目的,她将谈话引入正题。"邓小平先生,我想请教您几个大家都十分关心的问题,不知您能否给我一个圆满的解答。""我尽自己所能吧,尽量不让你感到失望。我总不能让远道而来的客人空手而回吧!要知道我们中国可是个礼仪之邦。"由于法拉奇在采访开始前先来了一个恰如其分的祝贺生日的寒暄,为她的采访营造了一个良好的气氛,所以她的采访问题都得到了满意的答复。法拉奇能获得成功,就是由于她明白初次见面时的寒暄是联络感情的必要手段,一番寒暄之后切入正题会使事情变得顺利多了。

所以,在现实生活中,如果你觉得和对方开始交谈有一定的困难时,不妨先和他来一些寒暄的话。这样就能使你们的谈话变得自然顺畅了。

PART 2 | 与人沟通要细心，说话办事重在细节

与陌生人的交谈从打招呼开始

一个人要想办事顺利，必须有能够把陌生人变成朋友的能力。这样你在办事的时候，才能如鱼得水，处处都有人帮助。但是，我们每天都与许多陌生人见面，应该如何与陌生人说话，才能从不熟悉变得熟悉呢？下面的故事或许可以带来一些启迪。

20世纪30年代，一位犹太传教士每天早晨，总是按时到一条乡间土路上散步。无论见到任何人，总是热情地打一声招呼："早上好！"

其中，有一个叫米勒的年轻农民，他对传教士这声问候，起初反应冷漠，因为当地一些居民对传教士和犹太人的态度是谨慎观望的。然而，年轻人的冷漠未曾改变传教士的热情，每天早上，他仍然给这个一脸冷漠的年轻人道一声早安。终于有一天，这个年轻人脱下帽子，也向传教士道一声："早上好！"

几年过去了，纳粹党上台执政。

一天，传教士与村中所有的人，被纳粹党集中起来，送往集中营。在下火车列队前行的时候，一个指挥官在前面挥动着棒子，嘴里说着："左，右。"被指向左边的是死路一条，右边的则还有生还的机会。

传教士的名字被这位指挥官点到了，他浑身颤抖，走上前去。当他无望地抬起头来，目光一下子和指挥官相遇了。传教

士习惯地脱口而出:"早上好!"——那个冷漠的年轻人就是指挥官。

指挥官虽然没有过多的表情变化,但仍禁不住回了一句问候:"早上好!"声音低得只有他们两人才能听到。最后,传教士被指向了右边。

犹太传教士就因为一个习惯性问候,挽救了自己的生命。可见,打招呼是拉近人与人之间距离的神奇方法。与陌生人结识,不妨从打招呼开始。

记住别人的名字,获得好感的开端

人对自己的姓名最感兴趣。把一个人的姓名记全,很自然地叫出来,这是一种最简单、最直接、最能获得好感的方法。因为一个人从出生到去世,名字一直和他捆绑在一起,这是区别于他人的重要标志。叫响一个人的名字,这对于他来说,是所有语言中最动人的声音,也是能给他留下深刻印象的简单方法。

钢铁大王安德鲁·卡内基能够叫出许多员工的名字。他很得意地说,在他担任主管的时候,他的钢铁厂未曾发生过罢工事件。因为在员工的心中,卡内基是极受尊敬和爱戴的,他们都因为自己受到重视而确认卡内基的形象是正直的、值得信任的。

记住一个人的名字,是尊重一个人的开始,也是塑造个人魅力的重要一步。

两个多年未见的朋友在街头邂逅，一方能够脱口而出对方的名字，必能使对方兴奋不已；即使只有一面之交的人，再次偶然相遇，清楚地记得对方名字，必能使其对你刮目相看。

西奥多·罗斯福总统知道一种最简单、最明显，而又是最重要的获得好感的方法，那就是：记住对方的姓名，使别人感到自己很重要。

为了能准确叫出别人的名字，在美国总统的专职幕僚群体中，有一位幕僚的工作内容之一就是专门替总统记住每一个人的名字，每当总统再次遇见某人之前，这位专职幕僚会先一步提醒总统此人的名字。而那位被总统叫得出名字的人，也会因总统竟然会记得他而雀跃不已，进而更坚定对总统的支持。

若是你把人家的名字忘掉了，或写错了，对方会觉得你不够重视他，从而影响沟通的质量。

记住别人的名字，并且多去喊他的名字，这样做可以让别人感受到你在关心他、重视他。这只是一个细节，一个生活中的细节，而生活就是由这种细节堆砌起来的，认真地对待生活中的每一个细节，做好每一个细节，只有这样，生活才会善待我们。

人际关系学大师戴尔·卡耐基在讲解"如何使人喜欢你"时，列出的原则之一就是，"记住一个人的姓名，把它当作最甜蜜、最重要的声音"。

不宜直说的话要模糊表达

说话办事时,并不是所有的话都要直白地说出来,有些话说出来可能会让对方不太好接受,这时就需要你使用模糊语言。在社会交际中,模糊语言也是一种艺术。比如一个人问你:"我这件衣服怎么样?"即使你觉得不好看,你也应该说:"还行。"而不是直接说:"不好看。"否则,会引起对方的不快。

1. 回避式模糊语言

就是根据场合需要,巧妙地避开确指内容的说话方法。

一个外国游客在韶山毛泽东故居参观之后,中午在一家小饭店吃饭。付钱时,他看到老板娘家境富裕,突然提出一个问题:"老板娘,如果你的老同乡毛泽东还在,会允许你开店吗?"

这个问题中带着陷阱,其中含义不言自明。这时,老板娘略一思考,回答:"没有毛主席老人家,我早就饿死了,还能开什么店啊!"然后她接着说:"如今,党的富民政策这么好,我们的日子越过越美好。"显然,外国游客意在用老板娘的回答,来否定毛主席的历史功绩。而老板娘的答话,则巧妙避开了对方问题中的陷阱,给出了令人折服的答案,既不轻慢外国游客,又体现了人民群众对毛主席的衷心爱戴,而且赞扬了党的富民政策。

2. 宽泛式模糊语言

就是用含义宽泛、富有弹性的语言来传递主要信息。

例如当你约人见面时,为了表示尊重对方,同时又显得随和,应使用模糊语言。比如说:"明天上午我在家,您有空就来吧。"或是说:"请您明天上午来,我在家等候您。"如果你说得很明确:"请你明天上午9点准时到我家里来。"这样会让人有一种被限制的感觉,若是约请上级、长辈和异性到家里来,这样说话就更显得不礼貌、不客气了。

3. 选择式模糊语言

即根据不同的办事目的,用具有选择性的语言来表达意思。

如当学生在课堂上回答不出问题时,老师不宜训斥学生,比如:"你怎么搞的?昨天你肯定没有复习。"而应当模糊地说:"看来,你好像没有认真复习,是不是?还是因为有点紧张,不知该怎么说呢?"最好把批评对方的缺点过错变成提出希望和要求,上面的话最好说成:"希望你及时复习,抓住本章的重点,争取下回做出完美的回答,好吗?"对于这样的说话方式,学生会很容易接受,不会产生对抗心理,而且会按老师的期望来要求自己。

言不在多,找到中心最关键

每一种谈话,无论怎样琐碎,总要保持中心议题,这就是谈话的首要要求。为了突出这个目的,你应该剔除那些琐碎的枝叶,直接表达出你的意图。一位人际关系专家说:"你应该有效表达,但不必说得太长。少叙述故事,除了真正贴切而简短的内容之外,总以绝对不讲为妙。"所以,我们在说话办事时首先要记住言语要简洁,要一语中的。

在市场经济时代,有些人开口言商,闭口言商,"利"则成为经商的核心。绝大部分商场竞争,都是围绕一个"利"字。如果你是一个业务人员,在推销时,就要恰到好处地在这个"利"字上突出重点,相信话不需多,也会卓有成效。

比如:"张厂长,如果你们厂的每条生产线都安装上我公司的高精密度自动控制系统,那你们厂产品的优良率将由现在的85%上升到98%以上,每天可增加经济效益1.3万元,所以你晚一天购买,就意味着你每天都要白白地扔掉1.3万元钱。张厂长,早买早受益呀!"

如此以"利"动人,自然是无往而不利。可见,春色不须多,但见一杏出墙,便知天下皆春。话语虽短,却突出了对方关注的重点,肯定能打动人心。

要抓住问题的核心,须少说不重要的话和废话,也就是人们常说的,画蛇不要添足。话要说得适可而止,千万不要长篇大论。在生活节奏日益加快的现代社会,没人有耐心去听你的长篇大论。这就要求你时刻提醒自己,随时做到把话说到点子上,让自己的表达有道理,有人情味,有逻辑性,这样才能把话说好,让别人喜欢听。

有的人为人腼腆,总怕和生疏的人会面时无言相对,实际上这是不必要的担心。因为在社交场合,大多数影响谈话气氛的不是那些讲话太少的人,而是那些讲话太多的人。即使自己不能谈笑风生,只要做到有问必答,回答问题合情合理就可以了。当然,交谈中注重语言的精炼准确,并不是说总要拼命想自己下一句要说什么,过多地咬文嚼字,不但不能听清对方在说什么,也会丧失自己控制谈话的能力,显得紧张和语塞,破坏谈话效果。

言不在多，达意则灵。讲话要精练，字字珠玑，让人不减兴味。冗词赘语，唠叨啰唆，不得要领，则必令人生厌。

说服别人时要给对方台阶下

说服别人的过程中，对方可能会有下不来台的时候。这种时候如果能巧妙地给人台阶下，就可以为对方挽回面子，缓和紧张难堪的气氛，使事情能顺利进行。要达到这样的目的，应该学会使用下列的技巧，在说服别人时给对方台阶下。

1. 给对方寻找一个善意的动机

装作不理解对方尴尬举动的真实含义，故意给对方找一个善意的行为动机，给对方铺一个台阶。

一位老师讲过这样一个故事：一天中午，他路过学校后操场时，发现前两天帮助搬运实验器材的几位同学正拿着一个实验室特有的凸透镜在阳光下做"聚焦"实验。当时那位老师就想：他们哪来的凸透镜？难道是在搬东西时趁人不备拿了一个？实验室正好丢了一个。是上去问个究竟还是视而不见绕道而去？为难之时，同学们发觉了老师，从同学们慌乱的神情中老师肯定了自己的判断。当时的空气就像凝固了似的，但是老师很快想出了一条妙计，他笑着说："哟，这透镜被你们找到了。谢谢你们。昨天我到实验室准备实验，发现少了一个透镜，我想大概是搬运过程中丢失了，我沿途找了好几遍都未能找到，谢谢你们帮我找到了这个透镜。这样吧,你们继续实验,下午还给我也不迟。"同学点了点头,现场的尴尬就这样被轻松解决了。

这位老师采用了故意曲解的方法,装作不懂学生的真实意图,反而说是他们帮助自己找到了透镜,将责怪化成了感激,自然令学生在摆脱尴尬的同时又羞愧不已。

2. 顺势而为

依据当时的势态,对对方的尴尬之举加以巧妙解释,使原本只有消极意义的事件转而具有积极的含义。

有一次县教委的一些同志来学校听课,校长安排1班的李老师讲课,还安排部分老师听课。李老师既怕课讲得不好,又担心有的学生答问题时效果不佳,有失面子。课上,他重点讲解了词语的感情色彩。在提问了两位同学取得良好效果后,接着提问了学校一位老师的孩子:"请你说出一个形容风景美丽的词或句子。"

或许是课堂气氛紧张,或许是严父在场,也可能兼而有之,这位同学一时为难,站在那里一言不发。

李老师和那位老师都现出了尴尬的脸色。瞬间,李老师便恢复正常,随机应变地讲道:"好,看来你一时想不起来了,那你来说一下刚才两位同学的答案,有什么异同?谁的更好?"

在那位同学回答的同时,李老师顺势给予指导,帮助他回忆起好几个回答刚才问题的语词,并及时给予表扬,使李老师本人和那位听课的老师摆脱了难堪。

3. 将尴尬的事情严肃化

我们可以故意以严肃的态度面对对方的尴尬举动，消除其中的可笑意味，缓解对方的紧张心理。

第二次世界大战时，一位德高望重的英国将军举办了一场祝捷酒会。除上层人士之外，将军还特意邀请了一批作战勇敢的士兵。没料想，一位从乡下入伍的士兵不懂酒会上的一些规矩，做出了一些让人啼笑皆非的举动，顿时引来达官贵人、夫人小姐的一片讥笑声。那位士兵一下子面红耳赤，无地自容。此时，将军慢慢地站起来，端起自己面前酒杯，面向全场贵宾，充满激情地说道："我提议，为我们这些英勇杀敌、拼死卫国的士兵们干了这一杯。"言罢，一饮而尽，全场为之肃然。此时，士兵们已是泪流满面。

在这个故事里，将军为了帮助士兵摆脱窘境，扭转酒会的气氛，采用了将可笑事件严肃化的办法，不但不讥笑士兵的尴尬举动，而且将大家的注意力引向杀敌英雄致敬的严肃行为。这位乡下士兵不但将尴尬一扫而尽，而且获得了莫大的荣誉。

拖延也是一种说话办事的技巧

在大学的课堂上，有一名学生提出与本课毫无关联的问题，几乎让教授失态。起初教授很用心地回答他的问题，不料却与学生的意见发生了冲突。其实这时教授大可拒绝对方的质问，用"像你这种问题我们不妨等下了课再谈"这句话轻易带过。

如果是在私人场合，就可以说："像你这样的问题我们还是等会儿再谈，怎么样？休息一会儿吧！"就可以轻松愉快地将话题带过。若在会议中形成了一场意见相左的局面，此时不妨暂时承认对方所言的重要性，同时也让他感觉此问题事关重大，难以解决，无法立刻作答，可以告诉他："关于这一问题我们日后再作讨论，今天我们还是讨论会议的主题吧。"这种回答，表面上是你对他摆出低姿态，实际上却是拒绝正面作答，以保持他心理的平衡。

所以，在别人向你提出请求时，如果你能做到，就可以答应别人，但如果你感到这一请求超出了你的能力范围，你最好不要立即说："不行，这个忙我帮不了。"而可以考虑用拖延法来说："嗯，我来想想办法，至于能不能办成，我一定尽快给您一个回音，您看怎么样？"然后过一两天再打电话表示无能为力，这样至少表明你已经尽心尽力了。有时候，被拒绝的人耿耿于怀的往往是别人回绝时的态度，或是官腔十足，或是盛气凌人，或是漫不经心。若是别人已经尽心竭力，那么即使事情最终没有办成，也不至于心中有怨言。

对方提出请求后，你也可以说："让我考虑一下，明天答复你。"这样，既为你赢得了考虑如何答复的时间，又会使对方认为你会很认真地对待这个请求。

张艳一心想当一名记者，于是想从学校调到某报社工作，她找到了同事的丈夫——某报社黄总编，黄总编知道张艳不太适合记者工作，但又不好直接拒绝，于是对张艳说："我们刚招进来一批毕业生，短期内社里不会研究招人的问题了，过一段时间再说吧。"黄总编没说这事绝对不行，而是以时机不对为理由，虽然没有拒绝,但为后来的拒绝埋下了伏笔。

拖延也是一种说话办事的技巧,能让你显得不那么尖刻或不近人情。当然,如果别人请求的事你完全有能力做到,还是尽量给予别人帮助吧,毕竟再巧妙的拒绝也不如实在的帮助让别人容易接受。何况,想交到朋友,你不可能只索取而没有任何付出。

与人相处,不要轻易许下诺言

生活中,万不可轻易许诺或者承诺会做到什么,这样才能做到进退自如。特别是在说话办事的时候,"说出去的话犹如泼出去的水",想收是收不回来的。因此,千万不要轻易许下诺言,以免许下的诺言无法实现,导致别人对自己不再信任。

甘茂在秦国为相,秦王却偏爱公孙衍。秦王有一次曾经许诺公孙衍,将来必定会提拔他。他对公孙衍说:"我准备让你做相国。"甘茂手下的官吏听到这个消息,就去告诉甘茂。

甘茂随后进宫拜见秦王说:"大王得了贤相,我斗胆给大王贺喜。"

秦王说:"我把国家托付给你,哪里又得到贤相呢?"

甘茂说:"大王将要立公孙衍为相。"

秦王说:"你从哪里听来的?"

甘茂回答说:"公孙衍告诉我的。"秦王当时非常窘迫,于是疏远了公孙衍。秦王轻诺公孙衍,事后又不兑现自己的诺言,结果成了失信于人的君主,同时也伤害了一直忠心耿耿的良臣甘茂。

所以,要做到不轻易许诺,除了要有自知之明之外,还必须养成对客观情况做比较深入和细致了解的习惯。

当朋友托你办事时,你首先得考虑,这事你是否有能力办成,如果办不成,你就得老实地说"我不行"。随便夸下海口或碍于情面不好意思拒绝都是要不得的。言而有信是做人的基础,也是友谊的基础。明明办不成的事却承诺下来,到时候不仅令人失望,还可能耽误朋友的事情,伤了彼此的情义。

不要轻率地对朋友做出许诺,但不是一概不许诺,而是要三思而后行。尽量不说"包在我身上"之类的话,给自己留一点余地。顺口而随意的承诺,只是一条会勒紧自己手脚的绳索。

如果一个人在生活或职场上经常不负责任地许下各种诺言,而很少能兑现,结果必会给别人留下恶劣印象。你可以找任何借口来推辞,但绝不要说"没问题"。

所以,与人相处,千万别轻易许诺,给出了承诺,便一定要做到。这样,别人才会认为你是一个讲信誉的人,才会信赖你。

对待下属要先商量后命令

《伊索寓言》中有这样一则寓言:太阳和北风打赌,看谁能先让行人把大衣脱去。太阳用它温暖的光轻而易举地使人们脱下大衣;而北风使劲地吹,反而使行人的大衣裹得更紧。太阳与北风的故事,说明了一个道理:对人要像太阳那样,用温暖去感化他们，使他们自觉地敞开心扉；如果像北风那样使劲地吹，一味地强制压迫，反而会使人们心存戒备。

从管理学角度来讲，威胁和严厉的警告可能会暂时保证工作动力，但问题是，在日常工作中这样行不通。领导刚转过脸去，大家又我行我素了。所以，在可能的情况下，最好避免强制要求，使别人服从的有效方法是让对方觉得受到了尊重。例如：

我知道你是不会被强迫的……
没有人非要强求你做……
任何人都强迫不了你……
这件事由你决定……

当然，这些方法看起来有些随意，但通常是非常有效的，因为这首先消除了反抗的理由，其次可经以柔克刚，使对方接受任务。领导管理员工就应该晓之以理，先商量后命令。领导大多数是身经百"战"，工作经验丰富的，而且非常优秀。所以大致说，照他的命令去做，是没什么错误的。可是如果总是命令的方式，会让下属产生一些不满，令人感到压抑，而且不能从心底产生共鸣，这样就无法从根本上调动员工的积极性。

而如果采取商量的方式，下属就会把心中的想法讲出来，当你认为下属言之有理时，你就不妨说："我明白了，你说得很有道理，关于这一点，我们就按你说的做。"诸如此类的语言，既可以吸收下属的想法或建议，又可以推进工作。这样下属会觉得，自己的意见被采用，自然会把这件事当作是自己的事，而认真去做；同时，因为他的认真负责，自然而然会产生不同的效果，这便成为其大有作为的潜在动力。大凡是成功的领导，表面上虽然是在下命令，实际上却经常和部下商量。如能以这样的想法来用人管人，则员工会自动自觉地做好工作，做领导的也会轻松愉快。

最好的奖赏是肯定和赞扬

人们实现自身发展的需要是全面的，不仅包括物质利益方面，还包括名誉、地位等精神方面。在单位里，每个人都会非常在乎领导的评价，领导一句不经意的赞扬都会起到很好的激励作用。

1.领导的赞扬可以使下属意识到自己在群体中的位置和价值，以及在领导心中的形象

领导的表扬往往具有权威性，是每个职场人确立自己在本单位同事中的价值和位置的依据。

有的领导善于给下属就某方面的能力排座次，使每个人按不同的标准排列都能名列前茅，可以说是一种皆大欢喜的激励方法。比如，小王是本单位第一位博士生，小李是本单位"舞林"第一高手，小刘是单位计算机专家等，人人都有个第一的头衔，人人的长处都得到肯定。这个集体几乎都是由各方面的优秀分子组成，能不说这是一个生动活泼、奋发向上的集体吗？

2.领导的赞扬可以满足下属的荣誉感和成就感，使其在精神上受到鼓励

如果一个下属很认真地完成了一项任务或做出了一些成绩，

虽然此时他表面上装得毫不在意，但心里却默默地期待着领导表扬，而领导一旦没有关注，不给予公正的赞扬，他必定会产生一种挫折感，对领导也会产生一些看法，认为"反正领导也看不见，干好干坏一个样"。这样的领导就不能调动起下属的积极性。

3. 赞扬下属还能够密切上下级的关系，有利于上下团结

领导的赞扬不仅表明了领导对下属的肯定和赏识，还表明领导很关注下属的事情，对他的一言一行都很关心。有人受到赞美后常常高兴地对朋友讲："瞧我们头儿既关心我又赏识我，我做的那件连自己都觉得没什么了不起的事，也被他当众夸奖了一番。跟着他干就是有力气。"互相都有这么好的看法，能有什么隔阂？能不团结一致、拧成一股绳把工作搞好吗？

4. 对下属工作业绩和良好思想品格的肯定和赞扬，实际上就是对另一种与之相对立的倾向的有力否定和批评

直接指斥某种倾向的危害，直白地提出某种禁令，不失为一种可行的常规办法。但这只是一种辅助手段，其效力不会很深远。倘若及时向人们说明"什么好""应该干什么""怎样干"，那就从根本上解决了思想的问题。所以，对于规范下属的行为，肯定、赞扬要比否定、批评来得更为直接。

一般来说，下属的活动都是自觉地指向上级确定的目标，遵循着上级的指令展开的，主观上是希望成功的。然而，由于受到个人的智力、学识、经验以及种种随机因素的制约，其活动结果不尽如人意甚至出现大的差异也是不可避免的。在失误、败绩面前，上级该做如何处置呢？简单的方法当然是论过行罚。但是，这并不明智，更为明智的处置方式是宽容。在必要的批评和处罚

之外，要言辞中肯、情意真切，对其过失之外的成绩、长处予以肯定，对其深切的负疚感、追悔心予以劝慰，对其振作图进的心意予以激励和信赖。当事人就会由不安中看到希望，决心日后努力工作，将功补过。

所以，作为领导，不要随意批评你的下属。在任何时候，赞美、鼓励都会比批评更有效果，都更能把人团结在你的周围。

守住自己的底牌，给人一种"神秘感"

为人处世有时要设法保持自己的神秘，亮出自己底牌的人让别人有的放矢，肯定会输掉。即使遭遇了很多失败，也不要向别人诉苦，即便很成功也不要亮底曝光，始终在人前保持一种神秘感，对你的发展会大有裨益。

聪明人会对不怀好意的人置之不理，并且深藏起个人的烦恼或家庭的琐事，因为即便是命运女神有时也喜欢往你的痛处下手。你的那些糗事或心中的好事，都应深藏不露，以免前者不胫而走，后者烟消云散。

北宋丁谓任宰相时期，把持朝政，不许同僚在退朝后单独留下来向皇上奏事。只有王曾非常乖顺，从没有违背过他的意图。

一天王曾对丁谓说："我没有儿子，老来感觉孤苦，想要把亲弟弟的一个儿子过继来为我传宗接代。我想当面乞求皇上的恩泽，又不敢在退朝后留下来向皇上启奏。"

丁谓说："就按照你说的那样去办吧。"

王曾趁机单独拜见皇上，迅速提交了一卷文书，同时揭发了丁谓的行为。丁谓刚起身走开几步就非常后悔，但是已经晚了。没过几天，宋仁宗上朝，丁谓就被贬到崖州去了。

王曾能顺服丁谓的苛求，而终于实现揭发丁谓的目的，依赖其低调的韬光养晦之功。

《阴符经》说："性有巧拙，可以伏藏。"它告诉我们，善于低调伏藏是事业成功和克敌制胜的关键。一个不懂得低调伏藏的人，即使能力再强、智商再高，也难战胜敌人。

初涉世的年轻人往往个性张扬，率性而为，不会委曲求全，结果可能是处处碰壁。而涉世渐深后，就知道了轻重，分清了主次，学会了内敛，学会了少出风头、不争闲气、专心做事。就像跪射俑一样，保持生命的低姿态，避开无谓的纷争，避开意外的伤害，以更好地保全自己，发展自己，成就自己。

老子说，当坚硬的牙齿脱落时，柔软的舌头还在。柔弱胜过坚硬，无为胜过有为。我们应学会在适当的时候保持适当的低姿态，这绝不是懦弱和畏缩，而是一种聪明的处世之道，是人生的大智慧、大境界。

所以，永远不要暴露自己的核心目标，不要轻易亮出自己的底牌，不要让自己的锋芒在别人的眼前晃动。人生好比一场战斗，要学会隐藏自己、埋伏自己。只有学会防守，使自己得以保全，才能在帷幄中运筹进攻的策略，等待进攻的时机。

避开左右为难的话题

两难问题就是不论你回答"是"或"否",都可能给你带来麻烦。回答这类问题必须用心。很多时候,问这种问题的人总是别有用心,话中有话,回答这种问题,左也不是,右也不是。如果问题来自你不能得罪的人,或者在公众场合被问到,更会让你的回答难上加难,所以在回答此类问题时要有适当的方法。

方法一:假装糊涂

两难问题中有一种复杂问语,是指利用沉锚效应,即隐含着某种错误假定的问语。对这种问语,无论采取肯定还是否定的答复,结果都得承认问语中的错误假定,从而落入提问者圈套。如一个人被人检举偷了别人的东西,但他拒不承认偷过。这时审问者便问:"那么你以后还偷不偷别人的东西呢?"无论其回答"偷"还是"不偷",都会陷入审问者问语中隐含的"你偷了别人的东西"的这个假定中。

有一次邻居盗走了华盛顿的马,华盛顿和警察一起在邻居的农场里找到了马,可是邻居硬说马是自己的,不肯把马交出。华盛顿想了一下,用双手将马的双眼捂住说:"既然这马是你的,那么你能说出它的哪只眼睛是瞎的吗?""右眼。"邻居回答说。华盛顿把手从马的右眼离开,马的右眼光彩照人。"啊,我弄错了,"邻居纠正说,"是左眼!"华盛顿把另一只手也移开,马的左眼也光亮亮的。"糟糕!我又错了。"邻居辩解说。"够了!"警察说,"这足以证明马不属于你!华盛顿先生,我们把马牵走吧!"

邻居为什么被识破？因为华盛顿善于利用思维定式，先使邻居在心理上认定马的眼睛有一只是瞎的，这在心理学上被称为沉锚效应。邻居受一句"它的哪只眼睛是瞎的"暗示，认定了"马有一只眼睛是瞎的"，所以就猜完了右眼猜左眼，就是想不到马的眼睛根本没瞎，华盛顿只不过是要让他当场现原形。

因此，对这类问题，不能回答，只能反问对方，或假装糊涂，不明白对方的意思。

方法二：自嘲圆场

有时被问及一些两难问题时，无论怎样回答都会让人觉得脸面无光。此时不妨自嘲一下，给自己圆场。

某先生酷爱下棋，但又死要面子。一次与一高手对弈，连输三局。别人问他胜败如何，他回答道："第一局，他没有输；第二局，我没有赢；第三局，本是和局，可他又不肯。"乍一听来，似乎他一局也没有输：第一局他没输，不等于我输，因下棋还有个和局；第二局我没赢，也不等于我输，还有和局嘛；第三局也不等于我输，本是和局，可他争强好胜，我让他了。

总之，对于非"左"即"右"的问题，切忌在对方问题所提供的选择中做单一选择，因为无论是"左"还是"右"，都正中了对方的圈套。

PART 3 | 把握分寸，掌握尺度，做个会说话办事的人

巧搬"第三者"，事情更容易办成

说话办事时，如果你单纯从自己的角度出发，说"我认为""我想"……这可能不会引起对方的兴趣，甚至会反问你"这与我有什么关系"。所以，当你希望说服对方配合或者为你办什么事时，首先应该从对方的角度出发，提出对他有利的条件或利益，这样才能让对方有兴趣参与。

一次，周护士走到一个房间的2号病床前，说："刘大姐，该抽血了。"患者拒绝说："不抽，我太瘦了。"周护士耐心地解释："抽血是因为要检查骨髓的造血功能是否正常，例如，白细胞、红细胞、血小板，等等，血象太低了，就不能继续做放疗，人会很难受，治疗也会中断，对身体也不好。"

患者好奇地问："降低了，又会怎样？"

周护士说："如果血象降低了，医生就会用药物使它上升，仍然可以放疗。你看，别的病友都抽了。一点点血，对你不会有什么影响的，再说还可以补充过来呀。"

于是患者被说服了："好吧。"

从对方的角度出发，在很多情况下这种方法都是最有效的。如果你是保险公司的业务人员，开展业务时，潜在客户表示对保险的事不感兴趣，你不应该说"你的观念怎么这么落伍"或者

"很多人都买保险了,不买就跟不上潮流了"之类的话,而是应该从保险能够为对方带来的利益出发,罗列保险的好处,还可以举一些保单的例子,这样才有可能达到说服的目的。

虽然从对方的角度出发来说服对方是一种很有用的方法,但是当你说一些有利于对方的事情时,人们还是会怀疑你和你所说的话。这种时候,如果你以另一种方式去说有利于对方的事情时,却可以消除这种怀疑。这种方式就是:**不要直接阐述,而是引用他人的话,让别人来替你说话,即使那些人并不在现场。**

如果有人问你,某种产品的质量是否过关时,你可以这样回答:"我的邻居已经用了三四年,现在仍然好好的,没出什么毛病。"你借邻居为你有效地回答了这个问题,尽管你的邻居并不在旁边。

因为人们通常很少怀疑间接描述的事实的真实性,所以当你用第三者的事例去说服对方时,会比你直接阐述这件事情的利害更容易被人接受。

把握好时机,办事不难

能否把握说话的时机,直接关系到说话的效果。所谓时机,就是指双方能谈得开、说得拢的时候,对方愿意接受的时候。掌握好说话的时机,才能提高办事的成功率。那么,什么时候与对方沟通才算抓住了时机呢?

1. 在对方情绪高涨时

人的情绪有高潮期，也有低潮期。当人的情绪处于低潮时，人的思维就显现出封闭状态，而且还会表现出逆反性。这时，即使是最要好的朋友称赞他，他也可能不予理睬，更不可能为你办事。而当人的情绪高涨时，其思维和心理状态与处于低潮期正相反，此时，他比以往任何时候都心情愉快，说话和颜悦色，内心宽宏大量，能接受别人对他的要求，能原谅一般人的过错；也不过于计较对方的言辞，同时待人也比较温和、谦虚，能程度不同地听进去一些意见。因此，在对方情绪高涨时，正是我们与其沟通的好机会。

2. 在对方喜事临门时

所谓喜事临门时，是指令人高兴、愉快、振奋的事情降临于对方时。例如，对方在职位上晋升时；在科研上攻克难关，取得重大成果时；工作中成绩突出，受到奖励时；经济上得到收益时；找到称心伴侣，或远方亲人来探望时，等等。常言道，"人逢喜事精神爽""精神愉快好办事"。在喜事降临对方时，我们上门找其沟通，对方会认为是对他成绩的肯定、喜事的祝贺、人格的敬重，从而也乐意接受或欢迎你的到来，你想办的事也就有一半的成功率了。

3. 解决冲突应在对方有和解愿望时

伦理学告诉我们，绝大多数人都具有"羞恶之心"，这种"羞恶之心"体现在与他人发生无原则的纠纷后，会对自己的行为自觉地反省。通过反省察觉到自己的过错之时，一种求和的愿望会油然而生，并会主动向对方发出一系列试探性的和解信号。这时只要我们能不失时机地友好地找对方谈谈，僵局就会打破，双方的关系也会重归于好。因此，我们要善于捕捉对方发出的求和信息。例如，对方主动接近你、打招呼，见面时由过去满脸阴云到转晴，或者暗中帮助我们排忧解难，等等。这时，我们就应该及时投桃报李，以更高的姿态、更真挚的感情找其交谈。切不可视而不见，见而不说，说而不诚。否则，对方一旦认为求和失败，和解的愿望就会顿消，误解将会转化为敌意，继而可能出现严重对抗的局面。

把握好这几个说话办事的时机，你就会事半功倍，当然这也要求你事前已经有所准备，已经想好了话该怎样说、事该怎样办。否则，即使时机已到，你还是无法抓住。

化解语言冲突，占据社交优势

人际交往中，总会有一些意见不合的情况发生，甚至有时还会出现语言上的冲突。冲突的表现形式是多种多样的，比如说反问、责问、嘲讽、羞辱等，有时候还会表现在一些体态语言中，比如怒目而视、不屑一顾等。

人际交往中的语言冲突很容易造成一些尴尬的局面，甚至产生不可预想的后果。一个会说话、会办事的人懂得化解语言冲突，这样才能在与人交往的过程中占据优势，避免不必要的损失。

1. 暂时回避

当你在与人交往时受到了别人的误解或者错误的评价时，不要冲动地与其争辩，最好先让自己冷静下来，想办法解除你的烦恼，直到恢复好心情为止。

有一日，亨利先生出外散步，偶然听见他的下属杰克正在对别人埋怨他们公司的待遇太苛刻，而他的工作时间却很长，上司不肯提拔他。当时，杰克言辞激烈，亨利先生听得怒火上升，几乎想立刻走过去叫他滚蛋。但是刹那间他打消了的念头，他转身回到办公室冷静地进行了一番思考。第二天，他问杰克："杰克，近来你受了什么委屈吗？"

杰克见上司突然问自己这句话，一时惊慌失措，忙说："没有什么，先生，我觉得很好！"

"昨天你不是说自己的工作太多，公司待你不好吗？"亨利先生仍很和悦地说。听完亨利先生的话，杰克承认了自己的失言，并且说他感觉不快的最大问题，是由于昨天黄昏时，在泥地中换了一个汽车轮胎的缘故。问题就这样轻松解决了。

2. 一笑了之

古希腊哲学家苏格拉底的妻子是个有名的悍妇，经常对苏格拉底破口大骂，有时甚至做出一些常人无法接受的事情。有一次妻子大发雷霆，当头泼了苏格拉底一盆脏水。苏格拉底没有生气，诙谐地说："雷鸣之后免不了一场大雨。"别人嘲笑他说："你不是最有智慧的哲学家吗？怎么连老婆都挑不好？"他回答："善于驯马的人宁肯挑选悍马、烈马作为自己的训练对象，若能控制悍马、烈马，其他的马也就不在话下了。你们想，如果我能忍受她，还有什么人是不能忍受的呢？"

对待那些生活中无伤大雅、争论起来也没有意义的事情，不妨像苏格拉底这样诙谐对待，一笑了之。

抓住别人的心理特征，让其伸出援助之手

在生活中，请求别人帮助是常有的事。所不同的是，有的人求别人办事，对方能心甘情愿地应允；但是有的人费尽九牛二虎之力，却失望而归。其实，只要抓住别人的心理特征，再注意一下说话的技巧与分寸，就很容易让别人对你伸出援助之手。

1. 从对方的兴趣入手

以对方感兴趣或引以为豪的话题展开交谈，在满足对方心理需求的基础上再提出自己的请求。

一个村办小厂的厂长，希望与一家大集团建立合作关系，遭到该集团副经理的拒绝。第二天，厂长又找上门，要直接面见总经理，他被告知，谈话时间不得超过五分钟。

他被引见给总经理时，发现总经理正在小心翼翼地掸去一幅书法立轴上的灰尘。他仔细一看，是楷书，便说："总经理，看来您对书法一定很有研究。啊，这幅楷书写得多好，看这里悬针垂露之法的用笔，就具有一种多样的变化美……"总经理一听，觉得此人谈吐不凡，一定是书法同行，于是说："请坐，请坐下细谈。"他们从书法谈到经历，总经理还讲述了自己的奋斗史，这个厂长很懂说话艺术，谈话时适时提问，使总经理说出了很多心里话。最后，总经理很痛快地答应和村办小厂合作了。

2. 先达共识，再提请求

强调某一问题的重要性和迫切性，与对方达成共识，然后顺势就解决此问题提出请求，使对方不好推却。

有一次，某企业针对员工流失严重的现象，计划召开沟通大会。会议主持者想请企业董事长出面壮壮声色。人事总监找到董事长，说："董事长，我现将最近工作向您汇报一下……其中一个最突出的问题，就是员工流失严重，这对企业发展势必带来不利影响。"董事长说："是啊，这个问题不可忽视，应该很好地抓一抓。"人事总监趁势说："所以，我们打算马上召开全员沟通大会，想请您在会上帮我们分析一下。"

董事长考虑片刻，答应了。后来据他透露，他早已有要约在先，只是这事不好推却，只得舍彼求此了。

3. 争取获得理解

当我们向别人求助时，可以站在第三者的观点上，帮助对方分析利弊，然后再促使其答应我方的请求。

20世纪80年代初，引滦入津工程进入攻坚阶段，担负隧道施工任务的部队因炸药供应不上，面临停工和延误工期。部队领导心急如焚，派李连长带车到东北某化工厂求援。

李连长昼夜兼程，赶到该厂，可得到的答复只有一句话："眼下没货。"他找厂长，厂长推说自己很忙，没时间听他解释，他就跟进跟出，有机会就讲几句，但厂长不为所动，冷冷地说："眼下没货，我也无能为力。"说完还给他倒了杯茶水，劝他另想办法。

李连长并不死心，他喝了口茶，说："这水真甜啊！天津人喝的却是从海河槽里和洼淀中收集的苦水，不用放茶就是黄的。"他看到厂长戴的是天津产的手表，接着说："您也喜欢戴天津表。听说现在全国每十块表中就有一块是天津产的,每十台拖拉机就有一台是天津产的,每四个家庭就有一个家庭用的是天津的碱。您是办工业的行家,最懂得水与工业的关系,也更懂得水与百姓生活的关系,没有水,很多工厂就得停工,很多百姓就会流离失所……引滦入津,这是解燃眉之急啊!没有炸药,工程就得延期……"

厂长一听,心中受到触动,就问:"你是天津人?""不,我是河南人,也许通水时,我也喝不上那滦河水。"厂长彻底折服了,他抓起电话下达命令:"全厂加班三天。"三天后,李连长带着一卡车炸药返程了。

借自贬来摆脱自己不愿意做的事

有很多既没有什么实际意义又浪费时间与精力的活动,我们要想拒绝,可以采取自我贬低的方法。

自我贬低是一种特殊形式,表示自己因为无能为力而做不到,用以掩盖自己实际上不愿做的本意。

经常用到自我贬低法的场合主要有以下三种:

1. 遇到不想做的事

例如,打杂般的工作、单调的工作等,还有超出工作职责的额外任务,自己全力完成重要任务时又接到临时性工作也是其中之一。像这些情形便有不少人会用"我不会呀"或"我对这方面不熟悉"等理由,把不想做的事巧妙地推掉。

2. 拒绝他人的请求

当别人找上你，希望你能帮他的忙时，你很难直接拒绝别人，便可以用"我很想帮你，可是我自己也没有那个能力"来婉转拒绝。

3. 有意降低自己在别人心目中的期望值

一个人若能得到他人的高度期待，固然值得高兴，但压力也会随之而来。因为万一失败，被人高度期待的人给别人造成的失望感就会越大。此时，我们可以表明自己能力有限，来降低别人的期望值，万一将来失败，自己的评价也不会下降太多；相反，如果成功，会得到预期之外的肯定。

不过，如果表明自己爱莫能助的理由不具真实性，那就行不通了。例如，你是电脑公司的员工，如果有人找你帮忙解决一些简单的电脑问题，你总不能说不会吧。所以，越是平时很少接触到的工作，说出拒绝的话时，可信度才越大。

需要注意的是，使用自我贬低的方法不宜过多，否则容易给人留下"能力低""不可靠"的印象。当自己有事想求别人帮忙时，被拒绝的概率也会大幅提高。

适可而止，凡事都给自己留条退路

常言道："做人留一线，日后好相见。"不管做什么事，都不能走向极端，堵住自己的退路。特别在权衡得失时，务必要做到见好就收。无论对待什么样的人和事都要凭着适可而止的心态对待，这是在人际交往中有效保护自己的好方法。

有些人说话、做事喜欢"赶尽杀绝",不给别人留余地,以此来显示自己的本事或者解心头之恨。其实,退一步想,冤家宜解不宜结,何必把原本很小的事弄得越来越大,让彼此之间的怨恨越结越深呢?人生不会尽是得意,也不会尽是失意,得意之时心存仁慈,多帮助他人,失意之时不卑不亢,不放弃希望和尊严,这才是健康的人生态度。如果身处得意之时,你就对别人大加贬低,你有没有想过,日后同样的遭遇或许也会落在自己头上?所以说,说话办事时,眼光要放得长远一些,不要一时得势就骄横跋扈,不给自己留一点退路。

其实,很多事情都是相互的,你给别人不留一点余地的时候,其实也把自己的退路都截断了。所以,任何时候都要宽厚待人,做事适可而止,不要被一时的冲动蒙住了眼睛,做出令自己以后后悔的事情。

恭维的话要切合实际

假如你到一个朋友家去,你的朋友对你异常客气,你每说一句话他都"唯唯诺诺",和你说话时也总是满口客套话,唯恐你不欢,唯恐得罪了你。在这种情况下,你一定觉得如芒刺背,坐立不安,直到离开他家,才觉得如释重负。

这种情形你大概遇到过,仔细想一想,你是否也如此对待过来客呢?虽然是客气,但这种客气显然是让人受不了。

刚开始会客时的几句客气话倒没什么,若继续说个不停就不太妥当了。谈话的目的在于沟通双方的感情,加深双方的了解,而过多的客气话则恰恰是横阻在双方中间的墙,如果不把这墙拆掉,人们只能隔着墙做一些简单的敷衍问答而已。

初次见面人们都会客套一番,而第二、第三次见面就免去了许多客套。那些"阁下""府上"等词语如果一直用下去,则真挚的友谊必然无法建立。客气话是表示你的恭敬和感激的,不是用来敷衍朋友的,所以要适可而止。

多用就会显得迂腐、浮滑、虚伪。有人替你做了一点小小的事情,比如说倒一杯茶吧,你说"谢谢"也就足够了。要是在有求于人的情况下,也最多说"不好意思,有件事情要麻烦你"就够了,但是有些人却要说"啊,谢谢你,真对不起,不该这点小事也麻烦你,真让我过意不去,实在太感谢了……"等等一大串客套话,让人感到非常不舒服。

说客气话的时候要充满真诚,像背熟了一般倾泄出来的客气话最易使人讨厌。说话时态度要温和,不可显出急忙紧张的样子。此外,说客气话时要保持身体的平衡,过度的鞠躬作揖、摇头弯身并不是一种雅观的动作。

把平时对朋友太客气的语言改成坦率的词语,你一定能获得更多的回应。对平时你从来没有表示过客气的人稍说一些客气话,如家中的保姆、你的孩子、商店的店员、出租车司机等,你一定会收到意想不到的好处。

要避免过分的客气。在一个朋友家中,如果你显得随便自然一些,主人也就不会过分地客气了。而当你是主人的时候,你也可以运用这一方法。

说话要实在,不要虚假,这是说话所要遵循的要求之一。与其空泛地说"久仰大名,如雷贯耳",不如说"你的小说真是文笔流畅，情节动人，让人爱不释手"等话。倘若恭维别人生意兴隆，不如赞美他推销产品的能力，或赞美他的经营方法。

说恭维或赞美的话要注意切合实际，到别人家里与其乱捧一番，不如赞美房间布置得别出心裁，或欣赏墙上的一幅好画，或惊叹一个盆景的精巧。如果主人爱狗，你应该赞美他养的一只狗；如主人养了许多金鱼，你应该欣赏那些金鱼。

管住自己的嘴，没用的话不要说

在日常生活中，如果稍加留意，我们就会发现许多人在说话中有一些毛病。虽然这些毛病无伤大雅，但如果不加以注意，就会影响谈话效果。

一般人在交谈中，常常容易出现以下几个方面的问题：

1. 有多余的习惯用语

有些人喜欢在交谈中使用太多的或不必要的习惯用语。例如，一些人喜欢什么地方都加上一句"自然啦"或"当然啦"一类词句；还有一部分人喜欢加太多的"坦白地说""老实说"一类的套语；也有人喜欢老问别人"你明白吗"或"你听清楚了吗"；还有的人喜欢总说"你说是不是"或"你觉得怎么样"，如此等等。像这一类毛病，你自己可能没有感觉。克服这类毛病，最好的办法是请你的朋友时刻提醒你。

2. 有杂音

有些人谈话本来很好，只是在他的言语之间掺上了许多无意义的杂音。他们的鼻子总是一哼一哼地响着，或者喉咙里好像不畅通似的，总会轻轻地咳着，也有在每句话开头用一个拖长的"唉"，好像怕人听不清楚他的话似的。这些毛病，只要自己有决心，是可以去除的。

3. 谚语太多

谚语本来是诙谐而有说服力的话，但谚语使用太多也不好。用谚语太多，往往会给别人造成油腔滑调、哗众取宠的感觉，不仅无助于增强说服力，反而使听者觉得有累赘感。谚语只有用在恰当的地方，才能使谈话生动有趣。

4. 滥用流行的字词

某些流行的字词，也往往会被人不加选择地乱用一番。例如，"内卷"这个词就被滥用了，什么东西都牵强地用上"内卷"，"内卷"这"内卷"那，使人莫名其妙。

5. 特别爱用一个词

有些人不知是因为偷懒，不肯开动脑筋找更恰当的字眼，还是有其他方面的原因，特别喜欢用一个字或词来表达各种各样的意思，不管这个字或词本身是否有那么多的含义。例如，许多人喜欢用"伟大"这个词。在他的言谈中，什么东西都伟大起来了。"你真是太伟大了""这盆花太伟大了""今天吃了一顿伟大的午饭""这批货物卖了一个伟大的价钱"等，给别人一种华而不实的感觉。我们要尽可能地多学多记一些词汇，使自己的表达尽可能准确而又多样化。

6. 太琐碎

许多人在谈话过程中琐碎得令人讨厌。例如，讲述自己的经历本来是最容易讲得生动、精彩的，很多人也喜欢听别人讲述亲身经历。但是，许多人讲自己经历的时候，不分主次地平铺直叙，觉得自己所经历的每件事都有意义，都有讲一讲的必要，结果反而使听者茫然无头绪、杂乱无章、索然无味。

讲述自己的经历或故事，要善于抓重点，善于了解听者的兴趣在哪一点上，少用对话。在重要的关节上讲得尽可能详细一些，对于其他地方，用一两句话交代过去就算了。

7. 过分使用夸张的手法

夸张的手法有引人注意的效果。不过，我们不能把夸张的手法用得太过分，否则，别人就不会相信你的话。

现实生活中，不可能每次说的都是"非常重要"的消息，也不可能每次都讲"最动人的"故事或"最可笑的"笑话。因此，不要到处用"非常""最""极"等字眼，否则，当你在无数的"最"中有一个真正的"最"时，又该怎样表示呢？难道你能说"这件事对我是最最重要的"吗？如果你真这样说，别人听了也会无动于衷，因为他们认为你是一个喜欢夸大事实的人。

除了上述七点之外，我们还应该注意自己在谈话中的声调、手势、面部表情等，努力使各个方面协调、得体。这样，我们就能大大增强自己说话的吸引力。

给别人充分的重视和信任

在人际交往中，谁都希望得到别人的尊重和信任，这是每个人都会有的潜在的心理需求。如果你想获得别人的欢迎与尊重，首先要给别人充分的重视和信任，并让对方感受到，他的付出会给自己带来加倍的回报。

在土伦包围战期间，拿破仑命令一个炮兵连驻扎在一个十分暴露的地形上。他的同僚表示反对，认为这样的兵力部署无异于自杀，并说士兵是不会服从的。于是拿破仑给这个炮兵连送去了一块牌子，上面写着"无畏的炮兵连"。结果整个连队尽管面对敌人最猛烈的炮火，却始终严阵以待。

由此可见，给别人充分的重视与信任是多么重要。

充分重视他人，有时甚至比直接给予物质方面的刺激更能激发人的积极性，因为每个人都希望得到别人的承认和尊重。

只说意见不讲效果，无助于解决问题

实话实说、心胸坦荡、为人正直这是许多人都赞赏的美德。但是，有些时候，实话实说却不一定受欢迎，而婉转的表达方式才更有效果。在与同事相处时，如果你有什么意见，最好委婉含蓄地说出来，而不要过于直率，言辞过于生硬或激烈，否则不但达不到善意的初衷，有时还会走向反面的极端，给自己带来不必要的麻烦。

喜欢有话直说的人说话时经常只看到现象或问题，也常常只考虑到自己的不吐不快，而不去考虑旁人的立场、观念、性格，所以多半会让人感觉不能接受，下不来台。因此，在对别人提出意见的同时，最好也反省一下自己说话是否得体，如果是因为没有掌握好方式方法，而造成同事关系紧张，就要考虑自我调整，克服过于直率的毛病。

有话当面说，不在背后说长道短，这无疑是对的，但也不能因此而忽视了人与人之间的复杂性：只求敢说，不讲效果，这根本就无助于解决问题。

人都爱面子，爱听赞扬的话，不妨为对方想想，不要只管自己说得痛快，尽管你是善意的，也会伤害对方，有可能造成对方的误解和怨恨。如果找一个恰当的机会，比如大家一起吃饭或聊天的时候，婉转地说出自己的想法；与当事人单独交换意见，也许更会得到对方的理解；或者用一个幽默来表达自己的看法，肯定有利于问题的解决。

小吴对门住着同单位的老金，他是厂里的工会主席，专业技术方面也是一个好手，待人热情诚恳，但就是生活上比较随意，不讲仪态。到了夏天，经常光着膀子，穿条短裤走这家串那户。小吴是技术科的，研究生毕业，作为一个有知识的女性，她很不习惯老金的这种做法。一个双休日，老金邀小吴的丈夫去另一个同事家下棋。小吴对丈夫说："把衬衫穿上，到别人家去总得有个样子，把拖鞋脱了，换双凉鞋。"这一讲，使老金马上有所觉察，他说："等一下，我也去穿件衬衫，换双鞋。"小吴见时机已到，顺水推舟道："金师傅，您这个人很热情、很随和，可我觉得在日常生活中，穿着上有些随意，有时让人受不了。"待老金穿好衣服返回，小吴赞扬道："这一身多神气啊！"说得金师傅舒服极了。以后，金师傅渐渐改变了原先不拘小节的习惯。

看看小吴这番话说得，既达到了目的，又融洽了关系，真可谓高明。如果你的目的仅仅是为了给同事提个意见，那么不妨把批评的方式变成夸奖,这样的效果会更好。

用"甜言蜜语"浇灌爱情之树

不要以为甜言蜜语只能从男人的口中说出来,女人也应该不失时机地对男人说一些让他高兴的话。因为无论男人、女人,都需要心灵的滋养。

如果丈夫总是在外面和朋友玩到很晚才回家,妻子可以对丈夫说:"晚上你不在家里,我会害怕。"这是一句很管用的话,它满足了男子汉作为家庭保护神的自尊,表达了女人对男人的依恋之情,也委婉地暗示了妻子深爱着丈夫、生怕被别的女人抢走的心理。如何赢得男人的热爱,怎样才能让男人高兴,也是一门艺术,一门需要以良好的口才去展示的艺术。

每天对自己所爱的人多说几句好听的话,不要觉得害羞,如果几句甜言蜜语就能让你们的关系更亲密,这不是很简单的事情吗?看看下面的话,你说过多少?

我毕生只爱你一人。
我依偎在你身旁,就会感觉到最美好的幸福。
对于我来说,你就是一切,什么东西也换不了你。
你是一个非常了不起而且很有魅力的人。
我了解你的想法,我无时无刻不在关心你。
只要和你生活在一起,我就感到心满意足了。

只要是你想对他表现由衷的亲切感、喜爱之情，都可以添一些"甜味剂"，把它表达出来。与他久别重逢时你可以讲："多希望时间就停在现在，我们可以永远在一起。"你用充满爱意的眼神望着他，说："总是惦念着你！别的事我一概不想……我的感觉，好像你从未离开我。"

"你喜欢我吗？"你不妨大胆地问他，"说说看，喜欢到什么程度？"或用坚定的语气要求他："你要发誓永远爱我！"甚至你单刀直入地对他撒娇："世界为我们而存在，对不对？"

"为了你，我可以抛弃一切！"

"没有你，我不知道自己怎样过下去。"

如果你总是在他耳边说着这样的甜言蜜语，任何男人都会为之动容，爱你的人也会更加爱你。不要认为只有女人爱听甜蜜的话，男人也一样，让他感受到你的爱意，他会更加疼爱你。

如果你希望爱情之树常青，请不要吝惜你的甜言蜜语；为了你的爱情甜美，请不要羞于表白。

方正做人，圆融做事

方为做人之本，圆为处世之道。

方，方方正正，有棱有角，指一个人做人做事有自己的主张和原则，不被人所左右。圆，善于协调，融通老成，指一个人做人做事讲究技巧，既不超人前也不落人后，或者该前则前，该后则后，能够认清时务，使自己进退自如，游刃有余。

说话做事，为什么需要内方？"方"的意思就是"直"，即内心中那种敢于执着追求人生目标、敢于开拓人生更高境界等一系列敢作敢为的胆量、气度和决心。通俗讲，就是宁直不弯，能够在各种困境中挺立腰杆，与人竞争。这种内方，是决定一个人究竟能做多大事的一种成功条件和资本。为什么有很多人被失败击倒，正在于骨子里缺少这种内方的精神，缺乏挑战自我、挑战他人的勇气。人们常说，"人活一口气"，此所谓"气"，就是成就自己的内心动力。

说话做事，为什么又需要外圆呢？因为人与人之间总存在许多不可言说的微妙关系——你所想的，也许正是别人所想的；你所需要的，也许正是别人所需要的。所以，就会出现涉及大小利益的协调难题，就会出现维护自身利益的心理战术，就会出现识人用人的管理艺术。凡此种种，都说明，人与人之间不可能都是透明清晰的，人心隔肚皮，如果你简单、不加区分对象地与人交往，其结果就是你可能成为被人疏远的对象，自己想做的事总会遇到一些阻力。因此，你应该用含蓄、隐忍、退让等外圆之道，尽可能把各种潜在威胁降到最低，千万不可认死理，非要泾渭分明、论高论下。

如果过分方正、有棱有角，就会不断地遭遇生活中的磕磕碰碰；但是如果你八面玲珑、圆滑透顶，总是想让别人吃亏，自己占便宜，也必将众叛亲离。因此，做人必须方外有圆，圆内有方，外圆内方。人生的巧妙正在于融合内方与外圆为一体，即内心刚直，外表柔和，不张扬自己，只求坚定心中的目标。

PART 4 | 别犯忌讳，说话办事要得体

别人的短处不要随意谈论

金无足赤，人无完人；凡人皆有其长处，亦必有其短处。怎样在交往中正确对待别人的短处，这也是一门学问。

人有短处是一点也不值得奇怪的。有的人也许因为长久以来形成一种固有的生活方式，而其他人大都对此看不惯，这便成了他的短处；有的人也许在自己的生活与处世中的确有些微小的毛病，但这些毛病对他的人际交往是无足轻重的；有的人也许不是出于主观原因而出现一些较严重的缺点，但他自己却全然无知。如此等等，不一而足。对待他人的短处，不同的人则用不同方法。有的人在与他人沟通过程中，尽量多谈及对方的长处，极力避免谈及对方的短处；也有的人专好无事生非，推波助澜"无中生有"编撰别人的短处，逢人便夸大其词地谈论别人的短处；有的人虽无专说别人短处的嗜好，但平时却对此不加注意，偶尔也不小心谈到别人的短处。

用不同的方式对待别人的短处，所产生的效果截然不同。避免谈及他人的短处，容易与他人建立起感情，形成融洽的交谈气氛；好谈他人短处的人，最易刺伤他人的自尊心，打击人家某方面的积极性，还会引起他人的讨厌；不小心谈别人短处的人，虽无意刺伤他人，但很难想象人家怎样理解你的用意和对你所做出的反应，一般来说易引起别人的误解与不满。由此可见，我们在与他人的交谈中，应该尽量避免谈论别人的短处。

如果别人向我们谈起某人的短处,我们应该听了便罢,不要深信这种传言,更不可做传声筒。而且还要提醒谈论别人的短处的人,是否对所谈的事情有所调查、确有把握,而且不要把这些事作为谈资。

人群相聚,不免要找个话题闲聊。天上的星河,地上的花草;眼前的建筑,身后的山水;昨日的消息,今天的新闻,都是绝好的谈话内容。何必说东家长西家短,议论人家的短处呢?作为一个有修养的人,一定要远离说人家短处的不道德的行为。

当心,说话无礼招人烦

有些人喜欢翻来覆去地诉说一件已经说过几次的事情,也有些人会把一个土得掉渣的笑话当成新鲜的笑料。作为一位听众,此时,就要练一练忍耐的美德了。不能对他说:"这话你已经说过多次了。"这样,会伤害他的自尊心。你唯一能做的就是耐心倾听,在心中想想他的记忆力可能不好,并真正同情他,而且他说话时充满诚意,你也要用同样的诚意接受他的善意。但如果说话的人滔滔不绝而你又毫无兴趣,觉得不值得花费时间和精力忍耐,就应该巧妙地停止他乏味的谈话,但千万注意,不可伤害对方的自尊心。最好的方法是不动声色地将话题引向对方在行而且自己又感兴趣的内容。

与人交谈时,既要善于聆听对方的意见,也要适时发表个人意见。一般不提与话题无关的事,更不要左顾右盼、心不在焉,也不要有漫不经心地看手表、伸懒腰、玩东西等不耐烦的行为。

在社交场合谈话时,"见了男士不问钱,见了女士不问身",不要径直询问对方履历、工资收入、家庭财产、衣饰价格等私人生活方面的问题。与女士谈话不要说她长得胖、身体壮、保养得好等,对方不愿回答的问题不要追问。不慎谈到对方反感的问题时,应及时表示歉意,或立即转移话题。

与人交谈时要竭力忘记自己,不要老是没完没了地谈个人生活、自己的孩子、自己的事业。你要在交谈中给对方发表意见的机会,引导别人说他自己的事情。同时,你以充满同情和热诚的心去听他的叙述,一定会让对方高兴,给对方留下良好印象。

另外,说话时,一定要注意用词,切忌尖刻难听。

说话尖刻的人,未尝不知其伤人,而仍以伤人为快,这完全是一种病态的心理。之所以这样,也自有其根源,换句话说,就是环境带他走入歧途。第一,这种人有些小聪明,且颇以聪明自负,而一般人却不承认他聪明,因此他会有怀才不遇之感。第二,这种人富有强烈的自尊心,希望别人都尊重他,却偏偏得不到别人的尊重,因此他心中感到郁闷。第三,敌对心理一直郁积在心里,始终找不到释放的机会,他又不会提高自身修养,于是只好四处寻找发泄的对象。这些人觉得人们都是可恶的,不问有无旧恨新仇,都伺机而动,以话语伤人。

这种人只会失败,不会成功,在家里,即使父兄妻子等亲人也不会和他关系融洽;在社会上,最终会成为大家疏远的对象。所以说,说话尖刻伤人情,最终也是伤自己。

人都有不平之气。若觉得对方言语不入耳,不妨充耳不闻;若觉得对方行为不顺眼,不妨视而不见。不必过分计较,更不要伺机嘲弄、冷言冷语,甚至指桑骂槐。快语伤人并无裨益,谈话无礼惹人反感。

广结人缘，不在背后诋毁他人

公司里琐碎的事情比较多，这些事情看上去虽小，但若处理不当，可能会使你处于不利的境地。当你对同事或上司不满时，切不可到处诉苦，或背后诋毁别人。当别人向你诉苦时，你应该既对他表示同情，又能置身事外，切不可随波逐流，挖苦别人。否则，你会陷入人际关系混乱的境地，因为没有人敢和一个背后乱说坏话的人在一起，他们会觉得这样的人十分危险。

如果有的同事在你面前议论别人，更不要人云亦云，以讹传讹。为什么这么说呢？首先你要明白，你所知道的关于别人的事情不一定确凿无误，也许还有许多隐情你不了解。要是你不假思索就把你所听到的片面之言宣扬出去，难免颠倒是非。话说出口就收不回来，事后等你完全明白真相时才后悔不迭，但此时已经在同事之间造成了不良的影响。

人与人之间的关系说简单也简单，说复杂也复杂，你如果不知内幕，就不可信口雌黄，难免招惹是非。

某公司销售部的李某升为经理，有几位同事和他同一间办公室坐了几年，平日不分高下，暗中竞争的同事成了自己的上司，总让人有那么一点酸酸的感觉。部门里几个同事背后开始嘀咕："哼！他有什么本事，凭什么升他的官？"一百个不服气与嫉妒就都脱口而出，于是你一句我一句，把李某数落得一无是处。

王新是刚来到销售部不久的大学生，见大家说得激动，也毫无顾忌地说了些李某的坏话，如办事拖拉、疑心太重等。可偏有一个阳奉阴违的同事，背后说李某的坏话说得比谁都厉害，可一转身就把大家说李某坏话的事告诉了李某。

李某想：别人对我不满说我的坏话我可以理解，你王新刚入职几个月有什么资格说我，从此对王新很冷淡。王新大学毕业，一身本事得不到重用，还经常受到李某的指责和刁难，成了背后说别人坏话的牺牲品。在这个案例中，李某小肚鸡肠，没有领导容人的气量是他的问题，但王新身上也存在缺点。

人与人之间的关系本来就是很微妙的，特别是在公司里，几个人凑在一起闲聊，话匣子打开就很难合上。很多人因为把持不住，就有可能说别人的坏话，而另一些人就会随声附和，甚至添油加醋地加以传播，那后果将不堪设想。

同事是工作伙伴，不是生活伴侣，你不可能要求他们像父母兄弟姐妹一样包容你、体谅你。很多时候，同事之间最好保持一种平等、礼貌的伙伴关系，彼此心照不宣地遵守同一种职场规则，一起把工作进行到底。更多的时候，你需要去体谅别人。站在同事的角度替他们想一想，也许更能理解为什么有些话不该说，有些事情不该让别人知道。

只有很好地做到独善其身，才能使你广结人缘，不会被卷入是非的漩涡，从而使你在公司里做到游刃有余，为自己创造更好、更和谐的工作环境。

有错就要及时道歉

人非圣贤，孰能无过？但有的人认为承认错误是有失身份的事情，所以即使犯了错也不肯承认，遮遮掩掩，甚至当别人当面指出或提出的时候都不肯承认，更不要说道歉了。其实，与其等别人提出批评、指责，还不如主动认错、道歉，这样更易于获得谅解、宽恕。如果我们由于自身的孤傲和不安全感，宁可让友情出现裂痕，也不愿意说"我错了"这句话，那实在是愚蠢之至。

1755 年，在竞选弗吉尼亚州议员的辩论中，23 岁的上校乔治·华盛顿说了一些侮辱对手潘恩脾气暴躁的话，对方当即用拐杖把他打倒在地。站在一旁的士兵立刻冲上去，想为华盛顿报仇，华盛顿本人却从地上爬起来阻止了他们，说他会处理好此事。第二天，他写信给潘恩，邀请他在一家酒馆同自己会面。潘恩到达后，本以为华盛顿会要求他先表示歉意，然后与他进行决斗。谁料，华盛顿却先对他表示了歉意，并主动伸出和解之手。

一个人要承认自己的错误的确是需要勇气的。但是，每个人都免不了有犯错的时候，一旦错了，就得道歉，只有如此才能避免更大的损失。而且，说"对不起"的时候，眼睛一定要直视对方，只有这样才能传递出你的心意。如果一边做事一边道歉，或者用其他回避的方式，都表现不出你的诚意，无法让对方感觉到你是真正认识到了自己的错误。没有辩解的道歉才能让对方感觉你的心意，达到道歉的目的。

小伟在朋友的生日宴会上喝多了，将女主人最喜欢的一个花瓶失手打碎了，以小伟的经济实力一次性赔偿这个花瓶有很大困难。

为了表示自己的歉意，小伟挑选了一张精致的贺卡，写上自己的歉意：我知道我的行为给你们造成了困扰，也知道自己的行为是无法原谅的，请相信我绝对不是故意的，如果当时我没有喝醉，也就不会发生那种事情，所以请接受我最真挚的歉意。我会在一年内攒够买花瓶的钱，请相信我。

小伟将卡片亲手交到朋友手里，并带了朋友最喜欢的茶，不是为了赔偿那个花瓶，而是为了表示真诚的歉意。

小伟的道歉方式很真诚，你也可以不直接说出"对不起"，而是像小伟这样用一张卡片或一份小礼物等，来表示自己的歉意。最重要的是不要回避，一开始就要先承认自己的错误，而且道歉一定要有诚意。

真心实意的认错、道歉就不必强调客观原因，也不做过多的辩解。就算的确有非解释不可的客观原因，也必须在诚恳地道歉之后再略为解释，而不宜一开口就辩解。否则，对方就会认为，你对自己的错误实际上是抱着总体否定、具体肯定的态度。这种道歉，不但不利于弥合双方思想感情上的裂痕，反而会扩大裂痕、加深隔阂。要记住，真正的道歉不只是认错，同时也意味着承认自己的行为给对方造成的困扰，表示你对彼此之间的关系很重视，希望道歉可以化解冲突，重归于好。所以，如果你犯了错，就大方地表示歉意，诚恳地说一句"对不起"吧，这能为你带来更牢固的友谊。

少发牢骚,别把自己变成"怨妇"

"烦死了,烦死了!"一大早就听王宁不停地抱怨,一位同事皱皱眉头,不高兴地嘀咕:"我本来心情好好的,被你一吵也变烦了。"

王宁是公司的行政助理,事务繁杂,的确让人心烦。可谁叫她是公司的管家呢,事无巨细,不找她找谁?

刚交完电话费,财务部的小李来领胶水,王宁不高兴地说:"昨天不是来过了吗?怎么就你事情多,今儿这个、明儿那个的?"抽屉开得噼里啪啦,翻出一个胶棒,往桌子上一扔,说:"以后东西一起领。"小李有些尴尬,又不好说什么。

一会,销售部的王娜风风火火地冲进来,原来复印机坏了。王宁脸上立刻多云转阴,不耐烦地挥挥手:"知道了,烦死了!先填保修单。"单子一甩,然后说:"填一下,我去看看。"王宁边往外走边嘟囔:"综合部没人了吗?什么事情都找我!"对桌的小张气坏了:"这叫什么话啊?我招你惹你了?"

……

年末的时候公司评选先进工作者,领导们都认为先进非王宁莫属,可一看投票结果就傻了——一共50多张选票,王宁只得12票。

有人私下说:"王宁是不错,就是嘴巴太厉害了。"王宁很委屈:"我累死累活的,却没有人体谅……"

发牢骚就像传染病一样,不仅自己情绪低落,也让别人感到不舒服,谁愿意整天和一个牢骚满腹的人在一起呢?不少人无论在什么环境中工作,总是牢骚满腹,逢人便大倒苦水,像祥林嫂般地唠叨不停,让周围的人苦不堪言。也许你把发牢骚、倒苦水看作是与同事真心交流的一种方式,但过度的牢骚怨言会让同事感到既然你对工作如此不满,为何不跳槽,去另谋高就呢?

怨天尤人势必损害自己的声誉,它不能博得同情和安慰,反而会招致他人的幸灾乐祸与无礼轻慢。所以说,不管从事什么样的工作,你都要把它当成你个人的兴趣,当成一件喜欢的事去做,不要动不动就发牢骚,影响自己也影响别人。如果觉得实在不能适应,你最好还是换一份工作。

谦虚让你更有人缘

在日常生活中与朋友交往,尤其是和一些地位与处境不如你的人交往,你内心是否会产生一种居高临下的优越感呢?如果有,你应该及时消除这种人际交往中的"有害病症"。

本杰明·富兰克林是美国的政治家、科学家,是独立宣言的起草人之一。他在美国建国过程中,曾留下了许多功绩,故有"美国之父"之称。

有一次,富兰克林到一位前辈家拜访,当他准备从小门进入时,因为小门低了些,他的头被狠狠地撞了一下。

出来迎接的前辈告诉富兰克林:"很痛吧!可是,这将是你今天拜访我的最大收获。要想平安无事地生活在世上,就必须时时记得低头。这也是我要教你的事情,做人要保持低调。"

从此以后,富兰克林记住这句话,并把"低调做人"引入人生的生活准则之中。

其实，喜欢炫耀自己、锋芒毕露的人大多是有一定才华的人，他们不甘心寂寞，常在言语行动上争强好胜。但是，中国有句俗话叫"枪打出头鸟"，如果你什么事都要占尽优势，很可能会招致对方的嫉妒，有时还可能无意中伤害了对方，时间一长，难免造成孤家寡人的局面。所以，即使你才华横溢，也不要到处炫耀，逞一时之快。

生活中，有些人总喜欢在别人面前炫耀自己的得意之事，总以为这样就会让朋友高看自己，使别人敬佩自己。殊不知，别人并不愿意听你的得意之事。特别是那些失意之人，你在他面前炫耀自己的得意之事，他会更恼火，甚至讨厌你。

一次，有人约了几个朋友来家里吃饭，这些朋友彼此都比较熟悉。主人把大家聚在一起主要是想借着热闹的气氛，让一位目前正陷入低潮的朋友心情好一些。这位朋友不久前因经营不善，关闭了一家公司，妻子也正与他谈离婚的事，可谓内外交困，他实在痛苦极了。来吃饭的人都知道这位朋友目前的遭遇，大家都避免去谈与事业有关的事，可是其中一位姓吴的朋友因为前段时间赚了很多钱，几杯酒下肚，忍不住就开始谈他的赚钱本领和花钱功夫，那种得意的神情，连主人看了都有些不舒服。

失意的朋友低头不语，脸色非常难看，一会儿上厕所，一会儿去洗脸，后来他猛喝了一杯酒，匆匆离开了。主人送他出去，在巷口他愤愤地说："老吴会赚钱也不必那么炫耀啊！"

主人了解他的心情，因为多年前自己也曾陷入困境，正风光的亲戚在他面前炫耀优厚的工资和年终奖金，那种感受，就如同把针一根根针插在心上一般，要多难受就有多难受。

如果你不想失去朋友,就要时刻注意低调,如果你不想让有真知灼见的朋友对你避而远之,最好收敛一些,让自己的言行保持谦虚谨慎。记住,炫耀只会令你失去的越来越多。

说话办事要和气,不要轻易得罪人

俗话说:"多一个朋友多一条路,多一个敌人添一堵墙。"这就告诉我们:说话办事时要尽量和气,不管事能否办成,都不要轻易得罪人,否则就会让自己陷入困境。

林肯年轻时,不仅专找别人的缺点,也爱写信嘲弄别人,且故意丢弃在路旁,让人拾起来看,这使得厌恶他的人越来越多。

后来,他到了春田市,当了律师,仍然不时在报纸上发表文章为难他的反对者,但他也因此付出了代价。当时,林肯嘲笑一位虚荣心很强且自大好斗的爱尔兰籍政治家杰姆士·休斯。他匿名写的讽刺文章在春田市报纸上公开以后,市民们引为笑谈,惹得一向好强的休斯大发雷霆。他打听出作者的姓名后,立刻骑马赶到林肯的住处,要求决斗。林肯虽然不赞成,却也无法拒绝。身高手长的林肯选择了骑马比剑,请求陆军学校毕业的学生教授他剑法,以应付密西西比河沙滩的决斗。后来,在双方好友的调解下,决斗风波才告平息。

这件事给林肯一个很深刻的教训,他认识到得罪别人的事就连最愚蠢的人都不会做。从此,林肯改变了自己对人刻薄的做法,以博大的胸怀赢得了朋友的心。

林肯的教训是值得我们仔细体味的,在我国的历史上这种例证也不罕见。

战国时期,齐国大夫夷射在接受国君的宴请后,酒足饭饱而出。此时担任王宫守门的小吏则跪请求说:"请大人赏给我一点酒喝吧。"夷射斥责则跪说:"一个下贱的守门人也想饮用国君的美酒吗?滚开!"夷射走远后,则跪非常气愤,于是,将碗里的水泼在廊门的接水槽中,水的样子类似小便。

天明以后,齐王发现了,就问则跪:"昨天晚上,是谁在此处小便呀?"则跪回答说:"夷射大夫在这地方站立过。"齐王大怒,因此诛杀了夷射。

一个卑贱的守门人因为被大臣污辱,竟然设计要了大臣的命,由此可见与人结怨的害处。

以上事例说明了同样一个道理:不可轻易得罪别人,否则只会是自找麻烦,增加自己处世及办事的难度。

朋友遭遇不幸要及时安慰

朋友是什么?朋友就是能够一起分享快乐、承担痛苦的人,当对方遭受不幸时,能够一直陪在他身边安慰他的人才是真正的朋友。

一个夏日的傍晚,一位少妇投河自尽,被正在河中捕鱼的船夫夫妇救起。船夫的妻子关切地问道:"你年纪轻轻,为什么要寻短见呢?"

少妇哭得很伤心,说:"我才结婚一年,丈夫就抛弃了我,活着还有什么意思呢?"

"那我问问你,你一年以前是怎么过的呢?"船夫妻子问道。

少妇回忆起自己一年前的美好时光,她眼前一亮,说:"那时我自由自在、无忧无虑,对生活充满了希望。"

"那时你有丈夫吗?"船夫妻子又问。

"当然没有啦。"少妇答道。

船夫妻子说:"那么你不过是被命运之船送回到一年前,现在你又自由自在、无忧无虑了,你什么也没损失啊。"

少妇想了想,说:"这倒是真的,我怎么会和自己开了这么大一个玩笑呢!"说完,重新充满了希望。后来,少妇和船夫一家人成了好朋友。

人在悲伤的时候,总会认为未来的生活毫无希望,从而失去对生活的兴趣,船夫妻子让少妇回忆起过去的美好生活,让少妇明白生活中还有很多让人快乐的事情,重新点燃了她对生活的希望之火。当朋友遭遇挫折时,我们要帮助他挺过难关,而重温美好就是有效方法之一。

人在生病以后,情绪会很低落,心烦意乱,胡思乱想。你如果能够将安慰送给他们,他们的心情就会好转一些,并对你表示感激。不过,安慰病人时要讲究一些技巧,首先应该对病人的病情、思想状况和实际情况有所了解,还要知道有关疾病的基本知识,然后根据患者在住院期间的不同状况来进行安慰。

另外，有的人或许身体没病，但他们的心理承受能力较弱，遇到一点困难就一蹶不振，这时你也要及时地对其进行安慰并鼓励他尽快振作起来，唤醒他的自我意识。

总之，当朋友遇到不幸，无论是身体上的疼痛还是心理上的失意，你都应该及时出面安慰，这样才算是真正的朋友。

维护朋友的自尊心才能留住友谊

很多人认为，朋友之间可以毫无顾忌，想说什么就说什么。而实际上，越是要好的朋友，越应该维护对方的面子，说话办事时不要伤害朋友的自尊心，这样你们的友情才能长久。

陈文进公司不到两年就坐上了部门经理的位置，但是有个别下属不服气，有的甚至公开和他作对，他从小玩到大的朋友钱诚就是其中一位。自从陈文做了部门经理之后，钱诚经常迟到，一周五天，他甚至四天都迟到。

按公司规定，迟到半小时就按旷工一天算，是要扣全勤奖的。问题是，钱诚每次迟到都在半小时之内，所以无法按公司的规定进行处罚。陈文知道自己必须采取办法制止钱诚这种行为，但又不能让矛盾加深。

一天，陈文把钱诚叫到办公室，诚恳地说："你最近总是来得比较晚，是不是有什么困难？"

"没有啊，堵车又不是我能控制的事情，再说我并没有违反公司的规定呀。"

"我没别的意思,你不要多心。"陈文明显感觉到了对方的敌意。

"如果经理没什么事,我就出去做事了。"

"等一下,钱诚,我记得你家住在体育馆附近吧?"

"是啊。"钱诚疑惑地看着对方。

"那正好,我近期搬回老房子住了,以后你早上在体育馆东门等我,我开车上班可以顺便带你一起来公司。"

没想到陈文说的是这事,钱诚反而有些不好意思,喃喃地说:"不,不用了……你是经理,这样做不太合适。"

"没关系,我们是朋友啊,帮这个忙是应该的。"陈文的话让钱诚脸上突然觉得发烧,人家陈文虽然当了经理,还能平等地看待自己,而自己却故意跟人家作对,实在是不应该。事后,钱诚虽然谢绝了陈文的好意,但他此后再也不迟到了。

知道你的朋友做错了,直接提建议很可能会伤及他的面子,同时破坏你们的友谊,不如学学陈文的做法,迂回地点出问题。

朋友之间,一定要学会维护对方的面子。你给朋友面子,朋友自然也会回报你,如果你有什么事需要朋友帮个忙,朋友也会鼎力相助。